生物技术领域文献
实用检索策略

国家知识产权局专利局专利审查协作北京中心 组织编写

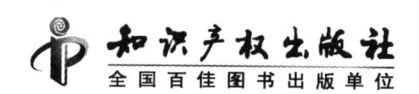

知识产权出版社
全国百佳图书出版单位

内容提要

本书介绍了生物技术领域主要分类位置和关键词的表达和扩展；专利检索和服务系统中生物技术领域的要素表达和检索策略，以及互联网专利信息资源；常用非专利信息资源及其一般要素表达和检索策略；比较常见的检索主题的检索，主要涉及常用数据库、检索方法和检索策略。

责任编辑：王　欣　黄清明　　　　责任校对：韩秀天
装帧设计：海马书装　　　　　　　责任出版：卢运霞

图书在版编目（CIP）数据

生物技术领域文献实用检索策略/国家知识产权局专利局专利审查协作北京中心组织编写. —北京：知识产权出版社，2012.1
ISBN 978-7-5130-0850-1

Ⅰ.①生… Ⅱ.①国… Ⅲ.①生物技术—专利—情报检索 Ⅳ.①G252.7-62

中国版本图书馆CIP数据核字（2011）第198615号

生物技术领域文献实用检索策略
Shengwu Jishu Lingyu Wenxian Shiyong Jiansuo Celue
国家知识产权局专利局专利审查协作北京中心　组织编写

出版发行：知识产权出版社	
社　　址：北京市海淀区马甸南村1号	邮　编：100088
网　　址：http://www.ipph.cn	
发行电话：010-82000860转8101/8102	传　真：010-82005070/82000893
责编电话：010-82000860转8117	责编邮箱：hqm@cnipr.com
印　　刷：北京富生印刷厂	经　销：新华书店及相关销售网点
开　　本：787mm×1092mm　1/16	印　张：7.75
版　　次：2011年10月第1版	印　次：2011年10月第1次印刷
字　　数：180千字	定　价：26.00元

ISBN 978-7-5130-0850-1/G·439（3740）

出版权专有　侵权必究
如有印装质量问题，本社负责调换。

本书编写组

顾问：魏保志　诸敏刚　曲淑君　夏国红
组长：马秋娟
成员：（按姓名拼音排序）
　　　陈　莹　姜　涛　刘树柏　刘玉玲
　　　孙永福　王大鹏　张丽华　张鑫蕊
审定：曲淑君

前　言

　　计算机检索在专利审查工作中发挥着至关重要的作用，准确而全面的检索构成了授权专利质量的基础。检索和技术领域密切相关。不同的技术领域，在技术发展水平、专利保护水平，乃至于检索资源与工具等方面都存在着很大差别。生物技术领域属于高新科技前沿，技术发展非常迅速，这给该领域的专利申请检索工作带来很大的挑战，而检索质量是保证生物技术领域的审查质量的基础，审查员需要在检索的过程中提高专业技术水平，需要根据技术特点合理调整检索策略，确保审查质量和效率。

　　为了提升特定技术领域审查员的检索能力与检索效率，国家知识产权局专利局专利审查协作北京中心针对特定领域的检索进行了课题立项研究，结合 S 系统上线和最新的检索实践，撰写完成了生物技术领域文献实用检索策略，期望能够成为本领域审查员检索能力提高的重要的基础性教材。

　　本书分为四章，第一章"生物技术领域的文献检索概论"介绍了生物技术领域主要分类位置和关键词的表达和扩展；第二章"生物技术领域的专利文献检索"介绍了专利检索和服务系统中生物技术领域的要素表达和检索策略，以及互联网专利信息资源；第三章"生物技术领域的非专利文献检索"介绍了生物技术领域常用非专利信息资源及其一般要素表达和检索策略；第四章"生物技术领域特定主题的检索"介绍了生物技术领域比较常见的检索主题的检索，包括生物序列、生物材料、生物表达系统、基因检测方法和生物产品制备方法，主要涉及这些主题的常用数据库、检索方法和检索策略。

　　本书由国家知识产权局专利局专利审查协作北京中心组织撰写，具体分工如下：

　　第一章由王大鹏、刘树柏撰写；

　　第二章由刘玉玲、张鑫蕊撰写；

　　第三章由王大鹏、陈莹撰写；

　　第四章由马秋娟、张丽华撰写；

　　全书由马秋娟、刘玉玲、王大鹏和姜涛统稿，曲淑君审定。

　　本书主体内容以国家知识产权局专利局专利审查协作北京中心 2009~2010 年度"生物技术领域文献检索研究"课题的研究成果为基础，参与课题研究的主要人员有马秋娟、姜涛、魏春宝、王大鹏、刘玉玲、张秀丽、李珊、丁海、刘树柏、王慧、朱宁、尹军团、张鑫蕊、张颖、陈莹、孙薇、唐华东、张丽华、廖文勇、王莉、李子东、曹扣、姚进孝、马驰等。此外，孙永福负责了本书各部分内容的汇总编排。在此一并对他们表示感谢！

　　由于编者水平有限，本书难免有疏漏和不当之处，恳请读者批评指正。

本书编写组

2011 年 9 月

目　录

第一章　生物技术领域的文献检索概论 ……………………………………… (1)
　第一节　生物技术领域主要分类位置 …………………………………… (1)
　　一、生物技术领域在 IPC 中涉及的主要分类位置 ……………………… (1)
　　二、生物技术领域 IPC 与 EC、FI 之间的对应关系 …………………… (3)
　　三、生物技术领域 IPC 分类位置之间的横向联系 …………………… (13)
　第二节　生物技术领域关键词的表达及扩展 ………………………… (14)
　　一、生物技术领域关键词的表达 ……………………………………… (14)
　　二、生物技术领域关键词的扩展方式 ………………………………… (14)

第二章　生物技术领域的专利文献检索 ……………………………………… (23)
　第一节　专利检索与服务系统 …………………………………………… (23)
　　一、专利检索子系统 …………………………………………………… (23)
　　二、S 系统中生物技术领域的一般要素表达 ………………………… (31)
　　三、S 系统中生物技术领域检索策略 ………………………………… (36)
　第二节　互联网专利信息资源 …………………………………………… (42)
　　一、互联网专利数据库 ………………………………………………… (42)
　　二、互联网他局检索方法的参考 ……………………………………… (45)

第三章　生物技术领域的非专利文献检索 …………………………………… (54)
　第一节　常用非专利信息资源介绍 ……………………………………… (54)
　　一、全文数据库 ………………………………………………………… (54)
　　二、文摘数据库 ………………………………………………………… (55)
　　三、学术搜索引擎 ……………………………………………………… (56)
　　四、其他网站资源 ……………………………………………………… (56)
　第二节　生物技术领域在常用非专利信息资源中的一般要素表达 … (63)
　　一、基本检索语法 ……………………………………………………… (63)
　　二、高级检索功能 ……………………………………………………… (63)
　第三节　生物技术领域在常用非专利信息资源中的检索策略 ……… (64)
　　一、优选检索模式 ……………………………………………………… (64)
　　二、追踪检索策略 ……………………………………………………… (66)
　　三、综述查找策略 ……………………………………………………… (68)

第四章　生物技术领域特定主题的检索 ……………………………………… (71)
　第一节　生物序列的检索 ………………………………………………… (71)
　　一、生物序列检索的常用数据库 ……………………………………… (71)
　　二、生物序列的各种不同检索方法 …………………………………… (75)
　　三、生物序列中特定主题的检索策略 ………………………………… (78)

第二节　生物材料的检索 (93)
一、生物材料检索的常用数据库 (93)
二、生物材料的权利要求分析 (93)
三、生物材料的检索策略 (94)

第三节　生物表达系统的检索 (100)
一、生物表达系统检索的常用数据库 (100)
二、生物表达系统的权利要求分析 (100)
三、生物表达系统的检索策略 (101)

第四节　基因检测方法的检索 (105)
一、基因检测方法检索的常用数据库 (105)
二、基因检测方法的权利要求分析 (105)
三、基因检测方法的检索策略 (106)

第五节　生物产品制备方法的检索 (108)
一、生物产品制备方法检索的常用数据库 (108)
二、生物产品制备方法的权利要求分析 (108)
三、生物产品制备方法的检索策略 (108)

参考文献 (112)

第一章 生物技术领域的文献检索概论

检索作为专利审查工作中最为关键的环节之一，不仅对专利申请行为发挥着引导、调整和规范的重要作用，而且对专利审查速度和质量具有积极的影响。而随着生物技术的迅速发展和创新活跃，生物技术领域文献数据的增长速度之快远远超过了其他学科领域。面对如此大规模的文献数据，如何高效检索到相关信息成为生物技术领域专利审查中一个极具挑战性的课题，也将是专利审查检索工作未来发展和提升的一个重要方向。充分了解生物技术领域的学科特点、检索特点、难点，选择适宜的检索范围和有价值的检索资源将会为生物技术领域的专利检索与审查提供强有力的支持。

检索中最常使用的两个检索入口即是分类号检索入口和关键词检索入口，生物技术领域自然也不例外。其中，生物技术领域的分类号检索与关键词检索既具有通常的一些特点与规律，同时生物技术领域的分类号族性检索与关键词特性检索又具有生物技术领域特色的一些独特的检索特点与规律。

第一节 生物技术领域主要分类位置

一、生物技术领域在 IPC 中涉及的主要分类位置

生物技术领域不仅涉及 C12M、C12N、C12P、C12Q 与 C12S 共 5 个 IPC 小类，并且还包含了传统上属于农业领域的 A01H、属于医药领域的 A61K、属于环境保护领域的 C02F 3/34、属于化学领域的 C07G、C07K，以及属于测量测试领域的 G01N 等相关分类号。除此之外，A01K、A01N、C08（高分子化合物）、C11（油或脂质）等分类位置下的一些交叉领域主题也经常是生物技术领域所面对的审查主题。生物技术领域涉及的主要分类位置如表 1-1-1 所示，审查员可以根据个案检索主题进行具体检索分类号的确定。

表 1-1-1 生物技术领域在 IPC 中涉及的主要分类位置

领域细分	小类	技术主题		
植物遗传育种以及组织培养	A01H	新植物或获得新植物的方法；通过组织培养技术的植物再生	A01H 1/00	改良基因型的方法
			A01H 4/00	通过组织培养技术的植物再生
蛋白质医药	A61K	医用、牙科用或梳妆用的配制品	A61K 38/00	含肽的医药配制品
			A61K 39/00	含有抗原或抗体的医药配制品
			A61K 48/00	含有插入到活体细胞中的遗传物质以治疗遗传病的医药配制品；基因治疗

续表

领域细分	小类	技术主题		
酶学装置；细胞培养装置	C12M	酶学或微生物学装置	C12M 1/00	酶学或微生物学装置
			C12M 3/00	组织、人类、动植物细胞或病毒培养装置
微生物、酶或其组合物	C12N	微生物或酶；其组合物；繁殖、保藏或维持微生物；变异或遗传工程；培养基		
发酵或使用酶的方法	C12P	发酵或使用酶的方法合成化合物或组合物或从外消旋混合物中分离旋光异构体	C12P 1/00	使用微生物或酶制备化合物的一般方法
			C12P 39/00	同一过程中同时包含不同属的微生物的方法
			C12P 41/00	使用酶或微生物分离旋光异构体的方法
酶或微生物的检验方法	C12Q	包含酶或微生物的测定或检验方法		
酶或微生物的分离、纯化	C12S	使用酶或微生物以释放、分离或纯化已有化合物或组合物的方法；使用酶或微生物处理织物或清除材料的固体表面的方法	C12S 1/00	石油、页岩油或沙层油的处理
			C12S 3/00	动物或植物材料或微生物的处理
			C12S 5/00	乳液、气体或泡沫处理
			C12S 7/00	原皮的处理，如脱毛、软化
			C12S 9/00	清洗材料的固体表面
			C12S 11/00	织物的处理，如清洗
			C12S 13/00	不包括在 C12S 1/00 ~ C12S 11/00 组中的方法
废水处理	C02F	废水、污水或污泥的处理	C02F 3/34	利用微生物的水、废水或污水的生物处理
维生素、抗菌素、激素	C07G	未知结构的化合物	C07G 11/00	抗菌素
			C07G 13/00	维生素
			C07G 15/00	激素

续表

领域细分	小类	技术主题	
多肽、免疫球蛋白、载体结合的或固定的肽、混合肽	C07K	肽	
		C07K 4/00	含有最多 20 个氨基酸的肽；其衍生物
		C07K 14/00	具有多于 20 个氨基酸的肽；促胃液素；生长激素释放抑制因子；促黑激素；其衍生物
		C07K 16/00	免疫球蛋白，例如单克隆或多克隆抗体
		C07K 17/00	载体结合的或固定的肽
		C07K 19/00	混合肽
生物材料的化学分析；包括生物特有的配体结合方法的测试；免疫学测试	G01N	借助于测定材料的化学或物理性质来测试或分析材料	
		G01N 27/327	通过生物化学电极测试或分析材料
		G01N 33/53	免疫测定法；生物特有的结合方法的测定；相应的生物物质
		G01N 33/68	涉及蛋白质、肽或氨基酸的化学分析
		G01N 33/74	涉及激素的化学分析
		G01N 33/76	涉及人的绒毛膜促性腺激素的化学分析
		G01N 33/78	涉及甲状腺激素的化学分析
		G01N 33/88	涉及前列腺素的化学分析
		G01N 33/92	涉及类脂化合物，如胆固醇的化学分析

二、生物技术领域 IPC 与 EC、FI 之间的对应关系

分类号检索时，审查员需要熟悉生物技术领域常用的 IPC 分类号与其他常用专利分类体系，例如 EC、FI、FT 分类体系的分类号之间的对应关系（具体见表 1-1-2，下位到大组）。审查员也可以使用 S 检索系统的多功能查询器进行关联分类号查询（参见第二章第一节第二小节在分类号关联查询中扩展）。

表1-1-2 生物技术领域常用IPC分类号与EC,FI分类号的对应关系

检索主题	IPC 分类号	IPC 技术内容	EC 分类号	EC 技术内容	FI 分类号	FI 技术内容
基因型改良方法	A01H 1/00	改良基因型的方法	A01H1/00	*	A01H1/00	*
组织培养	A01H 4/00	通过组织培养技术的植物再生	A01H4/00	*	A01H4/00	*
			A01H4/00B.	组织培养设备,培养基		
			A01H4/00C.	组织培养专用的切割器		
			A01H4/00D.	显微繁殖方法；用细胞或组织学方法进行植物无性繁殖		
			A01H4/00D1..	植物的囊化胚胎		
			A01H4/00E.	完整植株的再生		
含肽的医药制品	A61K 38/00	含肽的医药配制品	A61K38/00	*		
			A61K38/00A.	酶抑制剂		
含抗原或抗体的医药制品	A61K 39/00	含有抗原或抗体的医药配制品	A61K39/00	*	A61K39/00	*
			A61K39/00A.	古细菌抗原	A61K39/00@ A.	抗原技术
			A61K39/00B.	真菌抗原	A61K39/00@ B.	培养
			A61K39/00C.	无脊椎动物抗原	A61K39/00@ C.	不溶化
			A61K39/00D.	脊椎动物抗原	A61K39/00@ D.	分离,纯化
			A61K39/00D2..	避孕疫苗	A61K39/00@ E.	固定化
			A61K39/00D3..	神经系统抗原	A61K39/00@ F.	装置

续表

检索主题	IPC 分类号	IPC 技术内容	EC 分类号	EC 技术内容	FI 分类号	FI 技术内容
含抗原或抗体的医药制品	A61K 39/00	含有抗原或抗体的医药配制品	A61K39/00D4.	自身免疫性疾病相关的抗原	A61K39/00@ G.	制剂
			A61K39/00D5.	用于诱导非自身耐受	A61K39/00@ H	原生动物、细菌、衣原体、病毒外的抗原
			A61K39/00D6.	肿瘤抗原	A61K39/00@ J.	支原体抗原
			A61K39/00D8.	脂，脂蛋白	A61K39/00@ K.	真菌抗原
			A61K39/00E.	对抗小有机分子的治疗性免疫	A61K39/00@ Z	其他抗原
基因治疗	A61K 48/00	含有插入到活体细胞中的遗传物质以治疗遗传病的医药配制品；基因治疗	A61K48/00	*	A61K48/00	*
			A61K48/00B.	限定所递送组合物的非活性部分		
			A61K48/00B2.	核酸独自使用		
			A61K48/00B4.	非活性部分与所递送的核酸作用		
			A61K48/00B4A...	非活性部分为非聚合物		
			A61K48/00B4B...	非活性部分为聚合物		
			A61K48/00D.	限定所递送组合物的活性部分		
			A61K48/00D2..	组织特异性表达		
			A61K48/00D4..	改变核酸的表达特性的构建方法		
			A61K48/00F.	递送途径		
			A61K48/00H.	施用方案		
			A61K48/00J.	基因治疗组合物的纯化或制造		

续表

检索主题	IPC			EC		FI	
	分类号	技术内容	分类号	技术内容	分类号		
					分类号	技术内容	
微生物或酶	C12N	微生物;酶;其组合物					
			C12N1/00	*	C12N1/00	*	培养
	C12N 1/00	微生物本身,如原生动物;及其组合物;繁殖、维持或保藏微生物或其组合物的方法;制备一种微生物的组合物的方法;及其培养基			C12N1/00@ A	培养	控制培养条件
					C12N1/00@ B.	控制培养条件	控制通风条件
					C12N1/00@ C..	控制通风条件	氧气
					C12N1/00@ D...	氧气	消泡剂
					C12N1/00@ E.	消泡剂	培养基
					C12N1/00@ F	培养基	加微量添加剂
					C12N1/00@ G.	加微量添加剂	#
			C12N1/00B.	未包含在C12N1/02—C12N1/08中的处理后的微生物本身	C12N1/00@ H.	#	培养基无菌化
					C12N1/00@ J	培养基无菌化	培养处理
					C12N1/00@ K	培养处理	微生物细胞
					C12N1/00@ L	微生物细胞	SCP
					C12N1/00@ M.	SCP	微生物处理
					C12N1/00@ N	微生物处理	使用微生物
					C12N1/00@ P	使用微生物	更安全的气体
					C12N1/00@ Q.	更安全的气体	降解有害物质
					C12N1/00@ R.	降解有害物质	使用有机废水
					C12N1/00@ S.	使用有机废水	微生物筛选
					C12N1/00@ T	微生物筛选	基因工程相关
					C12N1/00@ U	基因工程相关	其他
					C12N1/00@ Z	其他	

续表

检索主题	IPC 分类号	IPC 技术内容	EC 分类号	EC 技术内容	FI 分类号	FI 技术内容
孢子	C12N 3/00	孢子分离法	C12N3/00	*	C12N3/00	*
细胞培养	C12N 5/00	未分化的人类、动物或植物细胞，组织，如细胞系；它们的培养或维持；其培养基	C12N5/00	*	C12N5/00	*
			C12N5/00B.	细胞膜改变		
			C12N5/00C.	细胞包装		
			C12N5/00M.	细胞培养基		
			C12N5/00M1..	植物细胞或组织培养及其培养基	C12N5/00@ 101	#
					C12N5/00@ 102	
					C12N5/00@ 103	
			C12N5/00M2..	无血清培养基	C12N5/00@ 201	
			C12N5/00P.	细胞分离方法	C12N5/00@ 202	
			C12N5/00P2..	分离胚胎细胞	C12N5/00@ A-H	
			C12N5/00P4..	配体的分类	C12N5/00@ J-N	
			C12N5/00P9..	用负筛选	C12N5/00@ P-T	
			C12N5/00P9B…	抗血细胞的亚类	C12N5/00@ U	
			C12N5/00P9C…	抗肿瘤细胞	C12N5/00@ V	
			C12N5/00R.	三维培养方法	C12N5/00@ Z	
			C12N5/00S.	细胞培养的基底	C12N5/00@ 203	
			C12N5/00S1..	微载体		
病毒	C12N 7/00	病毒；其组合物；其制备或纯化	C12N7/00	*	C12N7/00	*

续表

检索主题	IPC 分类号	IPC 技术内容	EC 分类号	EC 技术内容	FI 分类号	FI 技术内容
酶	C12N 9/00	酶；酶原；其组合物；制备、活化、抑制或纯化酶的方法	C12N9/00	*	C12N9/00	*
			C12N9/00B.	有酶活性的抗体	C12N9/00@101	酶的分离
			C12N9/00L	连接酶		
固定化酶	C12N 11/00	与载体结合的酶或固相化的酶或微生物细胞	C12N11/00	*	C12N11/00	*
酶处理	C12N 13/00	用电或波能处理微生物或酶	C12N13/00	*	C12N13/00	*
遗传工程	C12N 15/00	突变或遗传工程；遗传工程涉及的DNA或RNA，载体（如质粒）或其分离、制备或纯化；所使用的宿主	C12N15/00	*	C12N15/00@A	遗传工程
					C12N15/00@B	细胞融合
					C12N15/00@C	单克隆抗体
					C12N15/00@D	淋巴因子相关
					C12N15/00@F	DNA芯片
					C12N15/00@G	#
					C12N15/00@H	#
					C12N15/00@J	#
					C12N15/00@K	#
					C12N15/00@L	#
					C12N15/00@X	突变
					C12N15/00@Z	其他

续表

检索主题	IPC 分类号	IPC 技术内容	EC 分类号	EC 技术内容	FI 分类号	FI 技术内容
包含酶或微生物的测定或检验方法	C12Q	包含酶或微生物的测定或检验方法；组合物的制备方法；在方法中的条件反应控制	C12Q	*	C12Q	*
	C12Q 1/00	包含酶或微生物的测定或检验方法；其组合物；这种组合物的制备方法	C12Q1/00	*	C12Q1/00	*
			C12Q1/00B.	酶电极	C12Q1/00@B	用酶电极
			C12Q1/00B2..	膜电极	C12Q1/00@C	固定样品
			C12Q1/00B2B...	功能性	C12Q1/00@Z	其他
			C12Q1/00B4..	调节辅助		
			C12Q1/00B6..	特殊分析物或酶		
			C12Q1/00B6B...	用于葡萄糖		
			C12Q1/00D.	包含同工酶		
			C12Q1/00F.	测辅酶或辅因子		
	C12Q 3/00	条件反应控制方法	C12Q3/00	*	C12Q3/00	*

续表

检索主题	IPC 分类号	IPC 技术内容	EC 分类号	EC 技术内容	FI 分类号	FI 技术内容
发酵方法，分离光异构体	C12P	发酵或使用酶的方法合成化合物或组合物	C12P	*	C12P	*
	C12P 1/00	使用微生物或酶制备化合物或组合物的方法	C12P1/00	*	C12P1/00	*
					C12P1/00@A	用酶分解
					C12P1/00@Z	其他
	C12P 3/00	除二氧化碳外无机化合物的制备	C12P3/00	*	C12P3/00	*
					C12P3/00@A	来自细菌浸出液
					C12P3/00@Z	其他
	C12P 5/00	烃的制备	C12P5/00	*	C12P5/00	*
	C12P 7/00	含氧有机化合物的制备	C12P7/00	*	C12P7/00	*
	C12P 9/00	含金属有机化合物的制备	C12P9/00	*	C12P9/00	*
	C12P 11/00	含硫有机化合物的制备	C12P11/00	*	C12P11/00	*
	C12P 13/00	含氮有机化合物的制备	C12P13/00	*	C12P13/00	*
			C12P13/00A.	肉碱，丁内铵酸，巴豆酸甜菜碱		
			C12P13/00B.	氰醇		

续表

检索主题	IPC 分类号	IPC 技术内容	EC 分类号	EC 技术内容	FI 分类号	FI 技术内容
发酵方法，分离旋光异构体	C12P 15/00	至少3个稠合碳环的化合物的制备	C12P15/00	*	C12P15/00	*
	C12P 17/00	O, N, S, Se, 或Te的杂环碳化合物的制备	C12P17/00	*	C12P17/00	*
	C12P 19/00	含糖基化合物的制备	C12P19/00	*	C12P19/00	*
	C12P 21/00	肽或蛋白质的制备	C12P21/00	*	C12P21/00	*
			C12P21/00B.	糖肽, 糖蛋白		
	C12P 23/00	含共轭双键连接的化合物的制备	C12P23/00	*	C12P23/00	*
	C12P 25/00	含咯嗪或异咯嗪核环化合物的制备	C12P25/00	*	C12P25/00	*
	C12P 27/00	赤霉素烷环体系的化合物的制备	C12P27/00	*	C12P27/00	*
	C12P 29/00	含有并四苯环体系的化合物的制备	C12P29/00	*	C12P29/00	*

续表

检索主题	IPC 分类号	IPC 技术内容	EC 分类号	EC 技术内容	FI 分类号	FI 技术内容
	C12P 31/00	含五元环化合物的制备	C12P31/00	*	C12P31/00	*
			C12P31/00G.	海洋生物的酶		
	C12P 33/00	类固醇的制备	C12P33/00	*	C12P33/00	*
			C12P33/00B.	17位侧链的降解		
	C12P 35/00	5-硫1-氮杂双环辛烷环系化合物	C12P35/00	*	C12P35/00	*
					C12P35/00@ A	#
					C12P35/00@ Z	#
	C12P 37/00	4-硫1-氮杂双环庚烷环系化合物	C12P37/00	*	C12P37/00	*
					C12P37/00@ A	#
					C12P37/00@ Z	#
发酵方法、分离中分离光异构体	C12P 39/00	含不同属微生物的方法	C12P39/00	*	C12P39/00	*
	C12P 41/00	使用酶或微生物从外消旋混合物中分离光异构体的方法	C12P41/00	*	C12P41/00	
			C12P41/00A.	用一个对应体	C12P41/00@ A-H	#
			C12P41/00B.	用氧化/还原	C12P41/00@ J	#
			C12P41/00C.	用成酯或反作用	C12P41/00@ K	#
			C12P41/00D.	用C-N的作用	C12P41/00@ Z	#

注："*"表示EC、FI中该分类号的内容同IPC所述,"#"表示无英文翻译。

三、生物技术领域 IPC 分类位置之间的横向联系

生物技术领域的部分技术主题和其他技术主题存在横向联系,一般情况下,获取这些横向联系对于扩展检索来说比较重要。其中,通过 IPC 网站电子层信息是获取横向联系的渠道之一。例如,关于 C07K 主题与其他分类号间的横向联系可以参见 WIPO 的 IPC 网址内的电子层信息,具体即 http://www.wipo.int/ipcpub/definition/JHJversion = 20110101&lang = en&symbol = C07K,其提供的具体横向关联信息总结如表 1-1-3 所示。生物技术领域更多其他分类号的横向联系信息,审查员可以参考 IPC2011 版于 IPC 网站提供的电子层信息,在此不再赘述。

表 1-1-3 IPC 电子层 C07K 小类相关分类位置信息

C07K 中不包括的主题,其所分的位置	含有 β-内酰胺的肽	C07D
	单细胞蛋白质、酶	C12N
	获得肽的基因工程方法	C12N 15/00
	用发酵或酶促方法制备蛋白或多肽	C12P 21/00
	用电解方法生产有机化合物	C25B 3/00
C07K 的一些主题多重分类的位置	生物农药,害虫引诱剂,植物生长调节的化合物或制剂	A01P
	治疗活性的化合物或药物制剂	A61P
	用于化妆品或盥洗用品	A61Q
可能包含 C07K 中的一些主题的位置	食物中的多肽	A23
	来源于蛋白的大分子衍生物	C08H 1/00
	制备胶水或明胶	C09H
	微生物	C12N
	包含酶的,用于检测的组合物	C12Q
	检测或分析生物材料	G01N 33/00

审查员还可以通过分类表中的各种附注与指引等其他渠道获取技术主题之间的横向联系。检索中,审查员还要注意在技术发展尤其是交叉学科的发展中各主题之间建立的新的关联。

综上所述,审查员在利用分类号进行检索时,通过熟练掌握分类号所代表的技术主题的含义以及各分类号之间的对应关系、各分类号修订版的变化所体现出的分类主题的历史变化,以及生物技术领域一些 IPC 分类位置之间存在的内在横向关联,可以拓宽分类号检索的思路,提高分类号检索效率。

第二节　生物技术领域关键词的表达及扩展

一、生物技术领域关键词的表达

生物技术领域关键词检索中存在的较突出的问题如下。

(1)"忠实表达"困难问题。很多情况下，很难简单地用关键词来忠实地表达审查员所真正需要检索的内容，由表达困难导致了检索困难。

(2)"同物异名"问题。传统信息检索技术很难解决同物异名的查询问题，这一现象在生物技术领域更为普遍。同物异名是指同一生物分类单元或实体先后被给予了两个或两个以上不同学名，这些名称虽异，但实指同物的现象。同物异名可以分为两类：一类是命名上的同物异名，即客观异名；另一类是分类上的同物异名，即主观异名。

(3)"词汇孤岛"问题。人脑中的概念与其他概念之间总是存在各种各样的联系，而在生物技术领域的信息检索中，由于数据库自身的原因，这种概念之间的联系是很难表示和描述的。

(4) 筛选极限或筛选瓶颈问题。过分追求高的查全率会导致检索结果的数量过于庞大，导致审查员没有时间和精力处理检索得到的所有结果。检索中，审查员需要时时注意上述问题，根据具体情况采取适当策略。

为使得关键词检索尽可能完整和准确，应当从以下 3 个层次表达关键词：

(1) 形式上准确和完整。充分考虑同一关键词表达的各种形式，如英文检索词的不同词性、单复数词形、英美不同拼写形式等。

(2) 意义上准确和完整。充分考虑关键词的各种同义词、近义词、反义词、上下位概念、等同特征等。

(3) 角度上准确和完整。除了从技术方案直接相关的技术手段角度进行检索外，还要从该技术手段所起的作用、具备的功能、带来的技术效果、用途等角度进行检索。生物技术领域的关键词表达实例如表 1-2-1 所示。

此外，生物技术领域关键词检索中，审查员需要面对专利申请文件中出现的大量的、种类繁多的生物命名实体，虽然其各自有着不同的命名规律并存在着层出不穷的自命名，但是其实体名一般都是由英文字母与数字、标点符号、希腊字母、罗马字母以及其他一些特殊字符组合而成。表 1-2-2 总结了生物领域命名实体的常见表现形式并给出了相应的检索方法，有利于审查员快速有效地检索生物领域命名实体。

二、生物技术领域关键词的扩展方式

关键词扩展的目的是富集处于需求范围中但未以当前已知的或检索输入的检索词语形式出现的其他词语。其扩展方法主要包括查询相关数据库、利用辅助检索工具及调查反馈技术等。

表 1-2-1 生物技术领域关键词表达实例

检索关键词	同义近义词	扩展表达 上、下位词	扩展表达	相关词
育种 breeding	杂交育种 cross breeding	genetic breeding, molecular breeding, heterosis breeding, rice breeding, polyploid	基因育种，遗传育种，分子育种，杂种优势育种，水稻育种，多倍体	seed selection, variety, combinat+, germplasm, idioplasm, transgene, hybrid, tissue culture, molecular marker
组织培养 tissue culture	组培	cell culture, biocytoculture, embryo culture, culture, plantlets, seeding	细胞组织培养，胚培养，组织培养物，组织培养苗	explant, callus, sprout, budregenerate+, different+, subculture, passage, induc+, proliferat+, root media, basal medium, mitogen
基因型 genotype	遗传型 genotype, idiotype	allelotype, phenotyp+, gene delection, genotype analysis	等位基因型，基因缺失型，基因型鉴定	gene polymorphism, allele, gene frequency, phenotype, mutation, transgenation, polymerase chain reaction, sequence, detect+, examin+, test+, inspect+, survey+
肽 peptide	多肽 polypeptide	oligopeptide, dipeptide, tripeptide, cyclic peptide	二肽，三肽，寡肽，环肽	derive+, modif+, decorat+, patch+, coupli+, covalent, isolate+, purif+, sweetener

选育, 品种, 组合, 种质资源, 转基因, 杂交, 组织培养, 栽培, 分子标记

外植体, 愈伤组织, 芽, 再生, 分化, 继代, 诱导, 增殖, 生根培养基, 基本培养基, 分裂素

基因多态性, 等位基因, 基因频率, 表现型, 基因突变, PCR, 序列, 检测

衍生, 偶联, 缀合, 共价, 原始肽, 分离, 纯化甜味剂, 神经毒剂

续表

检索关键词	同义近义词	上、下位词	扩展表达	相关词
抗体 antibody	免疫球蛋白 immunoglobulin	单克隆抗体，多克隆抗体，抗体片段，单链抗体	mAb, monoclonal antibody, antibody fragment, single-chain antibody, ScFc	抗原，表位，单克隆，杂交瘤，重（轻）链，可变区，恒定区，CDR, Fc, 骨髓瘤	antigen, epitope, hybridoma heavy chain, light chain, variable region, constant region, myeloma
疫苗 viccine		基因疫苗，活疫苗，减毒疫苗，DNA疫苗	DNA vaccine, liv + vaccine, attenuated vaccine	接种，免疫原性，应答，佐剂，树突状细胞，病毒，螺旋体	Inoculate +, immunogenicity respons +, adjuvant, dendritic cell, virus, spirochaeta
DNA Deoxyribonucleic acid	脱氧核糖核酸	核酸，核苷，微卫星DNA，线粒体DNA，质粒，朊病毒	nucleicacid, plasmi dnucleoside, microsa tellite DNA, mtDNA, provirus	双螺旋，碱基，配对，错配，染色体，复制，损伤，引物，探针，核酶，反义核酸	double helix, base, pair, mismatch, chromosome, duplicate, damage, primer, probe, ribozyme, antisense
基因治疗 gene therapy	基因疗法，转基因治疗	自杀基因治疗，反义基因治疗，免疫基因治疗，基因转移	suicide gene therapy, antisense gene therapy, immunogenic therapy	病毒载体，重组病毒，转染，表达，干扰，抑癌，自杀基因，脂质体，细胞因子	virus vector, recombinant virus, transfection, express +, interfer +, inhibit tumor, suicide gene, lipidosome, cytokine
激酶 kinase			enzyme, transferase	蛋白激酶，酪氨酸激酶	protein kinase, PK, tyrosine kinase
固定化酶 immobilized enzyme		固定化，稳定化	fossilization, stabilization, fossiliz +, stabiliz +	固定化酶载体，固定化试剂，酶活，交联剂，壳聚糖，游离酶，海藻酸钠，生物传感器	carrier, reagent, enzyme activity, cross-linker, chitosan, resolvase, alginate, biosensor

续表

检索关键词	同义近义词	扩展表达 上、下位词	扩展表达	相关词
细胞 cell		stem cell, host cell, hybridoma	干细胞，杂交瘤，宿主细胞	proliferate +, apoptosis, different +, flow cytometry, gene express +, cellular immunity, medium, tissue engineering, cytokine
发酵 ferment		biochemical reaction, anaerobi +, liquid, continuous	生化反应，厌氧，嫌气，液态，连续	yeast, silage, lactic acid, raw material, addit + agent, adjuvant, press +, throughput, dissolved oxygen
沼气池 biogas tank	methane-generating pit	marsh gas generation, purifying marsh gas tank, bio-gas digester	沼气发生，净化沼气池，户用沼气池	marsh gas, methane, cement, firedamp, aerogenesis, discharge hole, lid, cover, break +, glass fibre reinforced, rural energy
旋光异构体 optical isomer		isomer, optical isomerism, rotational isomerism	异构体，旋光异构，单旋光异构体	racemic form, raceme, conformation, racemic body, chromatogramiatric active, pharmacy + active
维生素 C Vitamin C	抗坏血酸 ascorbic acid	vitamin, natrascorb, vitamin C sodium, Vitamin C tablet?	维生素，维生素 C 钠，维生素 C 片剂	deficien +, antioxidant, freeradical, defend +, protect +, laughing gas, nitrogen oxide, glutathione, superoxide dismutase

续表

检索关键词	同义近义词	扩展表达 上、下位词	扩展表达	相关词
抗生素 antibiotics	抗菌素 bacteriophage	糖苷抗生素，复方抗生素，抗生素药物，糖肽	glycosides antibiotics, antibiotics complex glycopeptide	菌，耐药，不良反应，感染，万古霉素	bacteria, drug (tolerance or resistan+), untowardeffect, adverse reaction, infec+, vancocin
激素 hormone		植物激素，促激素，类激素，外激素，糖皮质激素	Phytohormone, auxin, trophic hormone, parhormone, parahormone, ectohormone, glucocorticoid	激素治疗，细胞因子，疗效，不良反应，激素调控，激素依赖	hormonotherapy, cytokine, healing effic+, adverse reaction, hormone modulation, hormone dependent
糖蛋白 glycoprotein		糖肽	glycopeptide	糖基化，糖基化修饰	glycosylated, glycosylation, glycosylating
甘露聚糖 mannans		碳水化合物，多糖	carbohydrates, polysaccharides,	甘露糖，寡聚甘露糖	mannose-containing polysaccharides, oligo-mannose
纳米 nanometer, nm		纳米材料，纳米管，纳米线，纳米金	Nanomaterial, nanotube, nanowire, gold nanoparticles	粒子，颗粒，微粒，粒径，二氧化钛，TiO₂	particle, particulate, grain diameter, titanium dioxide
微阵列技术 microarray technology	芯片技术 chip technology	基因微阵列，蛋白微阵列，组织微阵列，生物芯片	Analytical apparatus, biochips, (gene or protein or tissue) microarray, genetic chip	表达谱，差异表达，cDNA，生物信息，寡核苷酸，高通量，点样，杂交	express+ profile, cDNA, differential expression, oligonucleotide, hybrid+, lab-on-a-chip, high flux, sample

表1-2-2　生物技术领域命名实体归类及检索方法

表现形式	举例	S检索系统	CNPAT	CNKI
仅含字母和数字	pPIC、pCAMBIA1300、rs12345678、C188T	原型检索	原型检索	原型检索
含"+"号	CD13+、pET22b(+)	检索"+"前字段	去除"+"将剩余部分逻辑"与"运算	检索"+"前字段
含"-"号	pGEX-4T、pCX-168PhyA、miR-56	原型检索	去除"-"将剩余部分进行逻辑"与"运算	"-"前后字段以"并且"的方式检索
含"/"号	C57BL/6、pREP4/CAT Anti-ALK/CD246AG	原型检索	去除"/"将剩余部分进行逻辑"与"运算	原型检索
含角标	pBV-^{125}-Ser-rhIL-2、siSTRIKE^{TM} U6、hisA-$^-$	将上角标与其后面的词一起检索	上角标以↑方式检索或去除角标将剩余部分进行逻辑"与"运算	角标前后的字段以"并且"的方式检索
含括号	BL21(DE3)、P$_{Ab}$<M-IgG>Rb-IgG-FITC	去除()部分以"并且"的方式检索	去除()剩余部分进行逻辑"与"运算	原型检索
含小数点	pSilencer4.1、pIVEX2.3、pcDNA3.1-Myc-His-A	原型检索	去除"."将剩余部分进行逻辑"与"运算	原型检索
含希腊字母或罗马字母	DH5α、(λ-)、pBluescript II SK+、pBKS-skII	原型检索并转换为英文字母检索	转换为英文字母检索	转换为英文字母检索

说明：在不同专利或非专利检索系统或检索平台里，生物技术领域命名实体的检索方法可能由于数据库标引方式、检索规则的变化或改进而发生变化，需要注意及时关注。

1. 利用常用数据库

（1）S检索系统

S检索系统中，对于检索者添加的关键词，可通过"多功能查询器"中的"关联词查询"对关键词进行适当的扩展。例如查询关键词"促进剂"，可以通过基本词汇和审查员维护的词汇扩展出"促长剂、助长剂"等词汇。

（2）STN

STN的ZCAPLUS数据库中，可利用在线词典进行控制词扩展。先通过"E …·/ct"指令确定词典中是否有该词语并确定相关词，再使用expand指令查看相关词语及完整的层级，在OLD、UF（used for）、BT（broader terms）、NT（narrower terms）、RT（related terms）中查看索引词及同义词、狭义词、相关词等。

（3）CNKI

CNKI 中，在当前检索结果的下面显示"当前检索词的相似词"以及"当前检索词的相关词"，在当前检索结果的左侧显示"检索词在工具书中的解释"，可通过上述 3 种扩展获得相关的关键词。如检索"甘露聚糖肽"，当前检索结果的下面显示"当前检索词的相似词：甘露聚糖，寡聚甘露糖、luosiming 肽口服液"等以及"当前检索词的相关词：力尔凡"等，在当前检索结果的左侧显示"检索词在工具书中的解释"。

（4）中国药物专利数据库检索系统

网址：http：//www.sipo/yiyaobu/yaowu.htm，其中的中药材辞典数据库和西药辞典数据库均可直接用于药名查询以扩展检索词。中药材辞典数据库可用于查询中药的正名、异名、英文名、拉丁名、拉丁矿植物名及中文拼音等。西药辞典数据库可用于查询医药化合物的通用名、俗名、系统命名、商品名、英文名称等信息。当检索到医药相关的化合物信息后，可通过"转库查询"直接进行专利文献检索。

2. 利用主题词表

词表的主题词对同一主题的同义词、近义词、多义词、学名、俗名、商品名、英美的不同拼法、单复数形式、全称和缩写等加以严格的控制和规范，从而体现了主题词的单一性。在生物医学领域中，最具代表性、使用最为广泛的主题词表为医学主题词表（MeSH）、生命科学词表（EMTREE）和一体化医学语言系统（UMLS）。

（1）MeSH

网址：http：//www.nlm.nih.gov/mesh/MBrowser.html。MeSH 提供了在线的词汇查询系统，可以在树状结构的分级显示中快速定位主题词及其在词表中的位置。MeSH 严格按照主题的上下位概念进行分类，其所有记录都可以用于查询，包括主题词、注释、历史记录、可用的限制词等。即使不知道准确无误的 MeSH 主题词，仍然可以通过 Pubmed（网址：http：//www.ncbi.nlm.nih.gov/sites/entrez?db=mesh）实现检索目标定位。例如，在 Medline 数据库中，以"Kidney failure"作为检索词针对 MeSH 进行检索，其结果为相关的主题词，单击右边的 links，即可直接链接到 Medline 数据库标引了该主题词的相关文献。如果检索的主题并未收录在 MeSH 中，可以通过以下的方法来进行检索。例如，"scalp diseases"没有收录在 MeSH 中，则可以先在 PubMed 中进行"scalp diseases"的检索，此时针对的是文章题目和摘要。然后在引用记录（citation record，MEDLINE format）中寻找，发现 MeSH 主题词为"Scalp Dermatoses"，采用上述主题词进行进一步的词表查询。

（2）EMTREE

网址：http：//www.embase.com/emtree。EMTREE 具有树状等级结构，提供生物医学和生命科学领域的生物词表，可用于检索 EMTREE 主题词及其上下位主题词；查询主题词的多种信息，例如，加入 EMTREE 的时间、同义词、主题词在道兰氏词典中的定义等。

（3）UMLS

网址：http：//www.nlm.nih.gov/research/umls/。UMLS 不仅是语言翻译、自然语言处理及语言规范化的工具，而且是实现跨数据库检索的词汇转换系统。它由超级叙词表（Metathesaurus）、语义网络（Semantic Network）和专家词典（Specialist Lexicon）3 个部分组成。超级叙词表是 UMLS 的核心词汇部分，通过多种方式表达概念，包括概念定义、概念语义类型。UMLS 的专家词典是一个包含众多生物医学词汇的英语词典。词条由词或词组组成。词的基本形式包括词的不变形式、名词的单数形式、动词的原形以及形容词和副词的原级形式。词汇信息包括句法分类、词形变异以及词的补充成分。词形变异有名词的单复数形式、动词的规则与不规则变化形式、形容词和副词的原级、比较级、最高级形式等。

3. 利用本体库

本体（Ontology）即在某一特定领域内对一套概念与关系的形式化描述，其目的在于通过现有知识体系的规范化和再利用而设计出的规范化概念。生物技术领域中常见本体库包含 Gene Ontology（GO）、Chemical Entities of Biological Interest（ChEBI）等。

（1）GO

网址：http://www.geneontology.org/。GO 基于将各种数据库中基因产物的功能描述相统一。其具有 3 级结构的标准语言，根据基因产物的相关分子功能、生物学途径、细胞学组件给予定义，并不涉及物种相关性。例如在 GO 中检索酿酒酵母来源的 DCM1 基因（disrupted meiotic cDNA，一个在减数分裂前期 I 表达的特异基因，其产物是减数分裂同源染色体配对所必需的）。在检索框中输入"DCM1"，选中"Genes or proteins"，提交查询内容。查询结果中包含多个 DMC1，单击进入酿酒酵母来源 DCM1，可以得到该蛋白的主要序列信息以及在 EMBL 等各数据库中基因序列号的链接。单击"19 associations"链接，可以获取该蛋白的分子功能、生物学途径或细胞组件的相应描述。例如，具有 ATP 酶活性、双链 DNA 结合活性、参与到减数分裂中，同时还给出了目前数据库中存在的具有相同分子生物学功能或是参与到同一生物学途径的其他基因产物，可以通过树形图查看相关基因产物。

（2）ChEBI

网址：http://www.ebi.ac.uk/chebi/。ChEBI 是一个免费的分子实体字典，也是一部"小"的化合物字典。以甘氨酸（Glycine）为例，在 ChEBI 主页左上角输入其英文名称"Glycine"，检索结果中显示甘氨酸本身、残基及含有甘氨酸残基的相关化合物，可以通过 ChEBI 命名筛选目标结果。例如，需要检索甘氨酸本身，则单击第 4 条记录（ChEBI：15428）。在主界面（Main）下，出现该分子的结构式、ID、名称及最终修改时间。特别需要关注的是本体（ChEBI Ontology）和同义词（Synonyms），同义词的功能类似于 MeSH，是不同数据库对同一种化合物的不同命名名称，可用于扩展检索词。在"Main"主界面右边的"Automatic Xrefs"，可查找目标分子在不同生物学和化学层面涉及的信息，如基因组、核酸序列、蛋白、大分子结构、代谢途径等。

4. 利用生物医药词典

（1）在线词典

生物技术领域 3 种常用的在线词典：Google 及谷歌金山词霸、生物医药大词典 biodic、CNKI 翻译助手。在审查实践中，审查员可以根据需要，针对上述词典各自的优缺点选择使用。

（2）下载词典

生物技术领域 4 种常用的下载词典：科技词典 NCCE、新编全医药大辞典、金山词霸、灵格斯词霸 Lingoes。下载词典使用方便、无需依靠网络，审查员可以根据需要，选择适合的下载词典进行安装。

5. 利用综述文献

综述文献会对国内外的某一研究专题的主要研究成果进行集中反映，其中通常会从多个角度与层面全面地对该专题进行介绍，这就为审查员对该专题涉及的关键词进行表达形式的扩展提供了一个很好的参考。

以上基本列出了生物技术领域常用的关键词扩展方式，在专利审查与检索中，审查员可以根据个案需要选择性应用上述关键词扩展方式。但同时需要指出的是，关键词扩展并非解决所有检索问题的万用灵丹。在某些情况下，关键词扩展带有无法穷尽性及不经济性的特点，为了周全一个具有无数上下位概念的术语而用较长时间去搜罗、周全其表达是不明智的，而且也往往不是解决该个案所具有的检索问题的瓶颈因素所在。不能因为重视了周全与扩展，而忽略了对检索主题具有重要意义的其他核心部分。因此，在关键词检索策略的制定中，深度优先还是宽度优先是必须要考虑的因素。

第二章 生物技术领域的专利文献检索

专利文献检索是专利审查工作中的重中之重。在实际工作中,审查员要以专利检索与服务系统(以下简称 S 系统)为主,以互联网专利信息资源为辅,充分利用不同专利检索资源各自的特点,有效开展专利检索工作。

第一节 专利检索与服务系统

S 系统是审查员主要使用的计算机检索系统。本章仅对其中与检索密切相关的核心部分、辅助部分进行介绍,为生物技术领域的审查员扩充检索思路、快速选择数据库并获取对比文件提供帮助。

一、专利检索子系统

专利检索与服务系统从功能实现上可划分为 4 大部分、11 个子系统,本部分仅介绍检索子系统及其相关内容。专利检索子系统收录了专利文摘数据库、专利全文数据库等 30 个不同类型数据库。

1. 专利文摘数据库

按收录语言及检索语言划分,专利文摘数据库包括:CNABS、CPRSABS 组成的简体中文文摘库,MOABS、TWABS 组成的繁体中文文摘库,DWPI、SIPOABS、CPEA 组成的西文文摘库,JPABS 组成的日文文摘库,VEN 的西文文摘库整合库。以上数据库的收录范围存在重叠,在实际检索中可以优先选择 CNABS、VEN、TWABS 依次进行检索。

1) CNABS(中国专利文摘数据库)

CNABS 整合了 CPRSABS、CPEA、原 CPPABS、原 CPDIABS、原 VCN 5 个数据库中自 1985 年至今所有中国专利文摘数据;SIPOABS、DWPI 中的中国著录项目、摘要、分类信息;以及 CPDI、SIPOCT、DWPI 中的引文信息等。

CNABS 数据库具有以下特点:

(1) 在标引中,根据发明点重新撰写摘要及关键词;对生物领域的命名实体采用了整体标引,对数值、含量等多种特殊字符均进行标引,提高了检索的精准性。

(2) 在检索中,自动对检索词进行上下位扩展,对全部权利要求均进行检索;支持中英文联合检索及中英文对照双语阅读,提高了检索的全面性。

基于生物技术领域的特点,介绍以下检索示例供审查员参考。

【案例 2-1-1】

案情简介:

权利要求 24:根据权利要求 1~22 任一项所述的方法中使用的 CSFV 的 N^{pro} 的衍

生物。

检索过程：

虽然，权利要求 24 限定了"根据权利要求 1~22 任一项所述的方法中使用"，然而上述用途限定并未隐含要求保护的衍生物具有某种特定的结构和/或组成。分析权利要求后确定检索关键词：CSFV、N^{pro}、衍生物。在核心检索中选择 CNABS 数据库，输入（CSFV and Npro and 衍生物）/BI 得到 3 篇文献，其中可获得对比文件 CN1367837A。

结果分析：

由于 CNABS 将 N^{pro} 直接标引为 Npro，因此可以直接进行检索。对于生物技术领域的命名实体，可以优先考虑直接输入完整名称进行检索。

综上所述，由于 CNABS 的数据收录全面、加工深入，因此在中文专利文摘数据库中推荐优先选择 CNABS 进行检索。

2）VEN（外文专利数据库）

VEN 是一个整合了 DWPI（原 WPI）、SIPOABS（原 EPODOC）中全部专利文献信息的虚拟数据库，收录了自 1827 年至今的 8 国 2 个组织在内的 97 个国家或组织的外文专利文献。

VEN 数据库具有以下特点：

(1) 兼具 DWPI、SIPOABS 各自的加工特点，提高了检索的全面性。

(2) 主要检索入口均无变化，检索结果可直接关联出各单库的文献内容，兼顾了文献阅读的便捷性。

基于生物技术领域的特点，介绍以下检索示例供审查员参考。

【案例 2-1-2】

案情简介：

权利要求 1：抑制 Wnt2 信号转导的物质用于制备抑制过表达 Wnt2 的细胞增殖的药物的用途。

权利要求 2：如权利要求 1 所述的用途，其特征在于所述物质是 siRNA。

权利要求 3：如权利要求 1 所述的用途，其特征在于所述物质是 Wnt2 抗体。

检索过程：

本申请的《国际检索报告》提供了一篇 X 类文件，仅公开了涉及 siRNA 的并列技术方案，并未公开涉及抗 Wnt2 抗体的并列技术方案。分析权利要求后确定检索关键词：Wnt2、antibody。在核心检索中选择 VEN 数据库，输入（wnt2 and antibody）/BI 获得 16 篇文献，转库到 DWPI 进行概要浏览，可获得对比文件 WO2004032838A1。

结果分析：

由于 VEN 进行了数据整合，使得其兼顾 DWPI 中关键词检索的优势与 SIPOABS 中分类号检索的优势。本申请中的检索关键词 Wnt2、antibody 仅同时出现在 DWPI 重新撰写的摘要中，而 Wnt2 并未出现在原始摘要中。

综上所述，由于 VEN 的数据收录全面、操作简单，因此在西文专利文摘数据库中推荐优先选择 VEN 进行检索，而不必分别使用 DWPI 和 SIPOABS 进行检索。

3) TWABS（中国台湾专利文摘数据库）

TWABS 收录了自 1950 年以来的中国台湾专利申请，可替代互联网中的台湾智慧财产局的两个网站：www. apipa. org. tw 与 www. patent. org. tw（中国台湾专利公报资料库检索系统将在本章第二节进行介绍）。

TWABS 数据库具有以下特点：

（1）可检索我国台湾地区申请的台湾优先权，进而检索相关的外国同族专利申请，以获取有用的检索信息。

（2）可同时提供简体中文和繁体中文检索，以及繁体中文和英文双语阅读。

（3）不能使用邻近算符（W，D）及同在算符（F，P 或 L，S），不能使用同义词检索（#）及前方一致检索（%）。

基于生物技术领域的特点，介绍以下两个检索示例供审查员参考。

【案例 2-1-3】

案情简介：

权利要求 1：一种重组植酸酶基因表达载体，其特征在于：该重组载体为 pIAβ8-phyA。

权利要求 4：一种在乳酸杆菌中高效表达植酸酶基因的方法，其特征在于：将权利要求 1 所述的重组植酸酶基因表达载体通过电击转化进入乳酸杆菌中，收获高效表达植酸酶的转基因乳酸杆菌。

检索过程：

权利要求 1、4 分别涉及植酸酶基因表达载体及在乳酸杆菌中表达该基因的方法，分析权利要求后确定检索关键词：植酸、基因、乳酸。在界面检索中进入 TWABS 数据库，输入……POP TC ON 开启简繁体转换；或者，在核心检索中进入 TWABS 数据库，自动勾选 ☑简繁体 同样可开启简繁体转换。输入（植酸 and 基因）/BI 获得 4 篇文献，输入（植酸 and 乳酸）/BI 获得 2 篇文献，均可获得对比文件 TW09113327。

结果分析：

在界面检索或核心检索中开启简繁体转换后，数据库均能自动将简体扩展为繁体进行检索。

【案例 2-1-4】

案情简介：

权利要求 1：一种阿司匹林的口腔崩解片，其特征在于，由生理有效量的阿司匹林和适合制成口腔崩解片的药物可接受的载体组成。

检索过程：

进入 TWABS 数据库，自动勾选 ☑简繁体，输入（阿司匹林）/BI 获得 2 篇检索结果，输入（阿司匹灵）/BI 获得 3 篇检索结果，上述 5 篇检索结果并不存在重叠。

结果分析：

虽然开启简繁体转换，但是中国台湾地区与中国大陆对专业技术词汇的表述仍然存在一定的区别。因此，要在检索工作中不断积累本领域专业技术词汇的不同表达形式。

2. 专利全文数据库（CNTXT、EPTXT、JPTXT、USTXT、WOTXT）

专利文摘数据库与专利全文数据库是当前最常见的两种专利文献收录方式。采用文摘库检索能够更快地定位对比文献，提高检索的查准率；而采用全文库检索，则能够提供更多信息，提高检索的查全率。

按收录语言及检索语言划分，专利全文数据库分为中文全文库 CNTXT，西文全文库 EPTXT、USTXT、WOTXT，日文全文库 JPTXT，下面依次进行介绍。

1）CNTXT（中国专利全文文本代码化数据库）

CNTXT 收录了自 1985 年至今的中国发明、实用新型的专利信息，其采用与 CNABS 不同的信息格式，可对说明书、权利要求书等全文文本代码化数据进行检索。

CNTXT 数据库具有以下特点：

（1）检索结果的噪声较大，可适当搭配同段、同句、邻近等位置算符，以提高检索的精准性。

（2）检索结果只能推送详览，因此可先转库至 CNABS，在概览中筛选后，再推送至详览中详细阅读。

基于生物技术领域的特点，介绍以下两个检索示例供审查员参考。

【案例 2-1-5】

案情简介：

权利要求 1：含 SOD 基因的重组双表达家蚕多角体杆状病毒的构建方法，其特征在于以下步骤：（1）……（8）……（说明：在其中限定的多个方法步骤中涉及质粒 pFastBacHTa）。

检索过程：

权利要求 1 的构建方法涉及多个步骤，在文摘库中多次更换检索关键词均未获得合适的对比文件，推测上述详细的方法步骤一般仅出现在说明书甚至是具体实施例中，因此此时可优先进行全文检索。由于权利要求 1 采用了一个特定的质粒，分析权利要求 1 后确定检索关键词：pFastBacHTa。在界面检索中进入 CNTXT 数据库，输入"（pfastbachta）/BI"，获得 29 篇文献，其中可获得对比文件 CN101015569A。

结果分析：

生物技术领域中涉及基因多肽、药物名称、效果参数、方法步骤等非常细节性的具体技术信息不一定出现在摘要或权利要求中，通常多出现在说明书甚至是具体实施例中，在这种情况下，选择专利全文数据库进行检索能够提高检索的全面性及检索效率。

2）EPTXT、USTXT、WOTXT、JPTXT

EPTXT 收录了自 1978 年至今欧洲专利局收集的欧洲专利全文文本数据；USTXT 收录了自 1976 年至今的美国全文文本数据；WOTXT 收录了自 1978 年至今世界知识产权组织收集的世界专利全文文本数据；JPTXT 收录了 1979～2009 年的日本专利全文文本数据。

数据库具有以下特点：

（1）分别提供该国家或地区特有的分类号检索入口，例如 EC/UC/FI/FT，提高了检索的全面性。

（2）对欧洲不同国家来源的数据并未进行细分，提高了检索的方便性。

(3) JPTXT仅支持日文检索；WOTXT、EPTXT同时提供英语、德语、法语的全文数据信息，因此同时支持英语、德语、法语检索。

基于生物技术领域的特点，介绍以下两个检索示例供审查员参考。

【案例2-1-6】

案情简介：

权利要求1：一种干细胞，是以人或其他哺乳动物的胚胎、脐带血、脊髓组织为原料，通过免疫磁珠阳性筛选制备的。

检索过程：

用"干细胞"的德语"stammzelle"在EPTXT、WOTXT中进行检索，可获取以下检索结果：

EPTXT　32　stammzelle
WOTXT　80　stammzelle

结果分析：

WOTXT中收录的从1978年至今世界知识产权组织收集的世界专利全文文本数据，不仅包含EPTXT收录的从1978年至今欧洲专利局收集的欧洲专利全文文本数据，还包含其他国家、地区的专利数据。

【案例2-1-7】

案情简介：

权利要求1：一种用于发酵法生产花生四烯酸的种子培养基制备方法，其特征是：(1) 新鲜麸皮，加水煮沸0.5~1.5小时，过滤出麸皮浸汁备用；(2) 取麸皮浸汁，分别加入葡萄糖、KH_2PO_4，搅拌溶解，用少量H_3PO_4调节浸汁液的pH为6.0~6.4之间，然后置于摇床上，培养温度24~26℃，摇床转速为150~200rpm，培养时间2~3天；(3) 采用产花生四烯酸的普通被孢霉保藏菌种，经斜面活化后，加8~14ml无菌水洗下孢子，制成孢子悬液，加入种子培养基，在摇床上继续扩大培养2~3天。

检索过程：

分析权利要求后确定检索关键词：被孢霉、花生四烯酸、麸皮。说明书记载本申请的发明点在于用麸皮进行被孢霉的培养。在CNABS中只能检索到较接近的现有技术CN1323904A，其未公开用麸皮进行被孢霉的培养。在界面检索中进入EPTXT数据库，输入"(mortierella and arachidonic acid and bran) /DESC"，获得27篇文献，其中可获得对比文件US5204250A，其在说明书公开了用麸皮进行被孢霉的培养从而获得花生四烯酸的技术方案。

结果分析：

生物技术领域中，对于技术特征较多而稍显复杂的技术方案，如C12P小类下的多步骤发酵生产方法、C12Q小类下的多步骤生物检测方法等，可适当考虑优先选择全文数据库进行检索。

3. 中国药物专利数据库

S系统中的中国药物专利数据库收录了自1985年至今公开的全部中国药物专利，分为3个组成部分：中药专利数据库（题录数据库、方剂数据库、中药材辞典数据库）、西药专利数据库(题录数据库、西药辞典数据库、确定化学结构数据库、族性化学结构数据库)、生物序列数据库。

中药专利题录数据库和中药专利方剂数据库是该检索系统的核心部分,分别提供中药专利信息和中药专利方剂信息的检索和显示。上述两个数据库可以在信息检索上分别检索,但在信息显示上合并显示。

中药材词典数据库是辅助性检索工具,便于检索不规范的中药材名称,支持多种中药材方剂的相似性检索。同时,该数据库提供从中药材词典数据库转入中药专利题录数据库和中药专利方剂数据库的转库检索功能,该辅助检索系统的建立,可以大大提高专利信息的检索查全率和查准率,在很大程度上解决了中药名称不规范引起的检索困难。表2-1-1显示了中国药物专利数据库的6个检索页面功能。

表2-1-1 中国药物专利数据库的检索页面功能

简单检索	支持模糊查询(针对专利文献任意字段)
	仅支持"与"和"或"的简单逻辑关系检索
高级检索*	支持模糊(针对任意字段)和精确查询(针对特定字段代码)
	支持"与"、"或"、"非"的复杂逻辑关系检索
	支持通配字符串"?"(可代表任意一个字符,例如:?地黄,生地黄和熟地黄均命中)
	支持邻近算符"W"、"N"、"nW"、"nN"(例如,A(nW)B,A,B间为n个字符,并且A,B顺序不变;A(nN)B,A,B间为n个字符,并且A,B顺序可变)
方剂检索	支持药物数量限制
	支持相似性检索,可同时进行最多15种药材名、字段限定(如治疗应用、IPC分类等)、药物数量的限定
中药词典*	支持中药正名、异名、英文名、拉丁名、拉丁矿植物名、中文拼音查询中药异名/类似药品检索
西药词典*	支持化合物的任意同义词或登记号检索
确定结构*	支持子结构检索、相似性检索、精确检索,同时可以进行登记号(RedID)、分子量(Molecular Weight)、分子式(Formula)的限定

*均支持转库查询。

4. 其他辅助工具

除检索子系统外,S系统还提供了检索准备子系统和辅助工具子系统,包括多功能查询器、在线翻译、辞典等。表2-1-2显示了上述辅助工具的功能简介。

表2-1-2 辅助工具的功能简介

辅助工具	功能简介
检索准备子系统	获取关键词、分类号、申请人等相关信息

续表

辅助工具		功 能 简 介
辅助工具子系统	多功能查询器	获取同族、引证文献、关键词、分类号、法律状态等相关信息
	在线翻译	将文献信息翻译成指定语言的表现形式
	辞典	获取相关词条的中英文对照关系以及技术含义

1）检索准备子系统

检索准备子系统包括检索准备和查看案卷信息两个模块。一方面，检索准备模块可以帮助审查员快速全面地获得该申请的基本信息，如是否存在重复授权、本领域的重要申请人、同族、分案等；另一方面，检索准备模块还具有辅助理解发明、准备检索要素的功能，主要通过语义检索推荐专利文献及语义检索推荐关键词。语义检索推荐专利文献是系统根据当前案卷的英文摘要在指定技术领域中采用语义分析出的专利文献，语义检索推荐关键词也是根据当前审查案卷的英文摘要语义检索出的关键词。

值得注意的是，语义检索推荐专利文献中可能存在能够评述当前申请新颖性/创造性的对比文件，审查员可通过浏览获得后直接加以利用。

【案例 2 -1 -8】

案情简介：

权利要求：一种交联脲酶聚集体制备方法，其特征在于所述方法包括以下步骤：a）通过将脲酶与相对于所述脲酶重量为8%~16%的牛血清白蛋白溶解于缓冲液中制备脲酶溶液，之后缓慢加入浓度30%~70%的硫酸铵溶液并搅拌，生成脲酶聚集体悬浮液；b）在所生成的脲酶聚集体悬浮液中加入浓度6%~20%的葡聚糖聚醛并持续搅拌，交联0.5h~3h；c）将b）步骤获得的物质透析、除盐。

检索过程：

该申请涉及一种交联脲酶聚集体制备方法，步骤及特征均较多，常规关键词及分类号检索较为烦琐。通过常规检索获得对比文件1和对比文件2后，针对区别技术特征"使用脲酶重量8%~16%的牛血清白蛋白（BSA）作为脲酶的保护剂"进行检索时，发现检索准备子系统中的语义检索推荐专利文献中存在相关对比文件JP57138389A，能够结合评述权利要求的创造性。

结果分析：

本申请通过浏览"S系统—检索准备子系统—检索准备—语义检索推荐专利文献"直接获取可用的对比文件。需要注意的是，检索准备子系统的使用具有一定的局限性，在出案后或直接登录S系统时不能使用该子系统的相关功能，只有在审查过程中从审批系统登录后才可使用。

2）辅助工具子系统

辅助工具子系统包括多功能查询器、在线翻译、辞典等，可辅助审查员扩充检索要素，查询检索相关信息以提高检索的全面性。

多功能查询器作为在检索过程中常用的工具集合，其主要作用是辅助检索，包括的子功能有：分类号基本查询、分类号关联查询、关联词查询、法律状态查询器、同族查询器、申请人申请查询器、引证与被引证查询器。

（1）同族查询器

同族查询器可用于查询文献的同族及引证、被引证信息，直接输入文献的公开号或申请号即可获得同族信息。同时，同族浏览器右栏的"详细信息"还可用于快速获得不同语言的关键词表达方式、该申请在各指定国的申请人/发明人是否有所不同等信息。

值得注意的是，通过浏览同族信息有可能快速获得在本申请的申请日/优先权日前公开的、可直接用做对比文件的同族信息。

【案例 2-1-9】

案情简介：

权利要求：一种三聚体可溶抗体，至少包含 3 条多肽，其中各条多肽至少包括：(a) 由至少 10 个 G-X-Y 重复序列所构成的胶原蛋白支架区；其中 G 为甘氨酸，X 与 Y 为任意氨基酸，其中至少 10 个 G-X-Y 重复序列为 G-P-P 或 G-P-O，其中至少 6 个 G-X-Y 重复序列为 G-P-O，并且其中 P 为脯氨酸而 O 为羟脯氨酸；以及 (b) 抗体区；其中所述 3 条多肽的胶原蛋白支架区互相作用而形成该三聚体可溶抗体，该三聚体可溶抗体以至少 $10^7 M^{-1}$ 的亲合力，特异性结合至配体。

检索过程：

本申请为台湾地区申请，申请日为 2008-11-18，使用 WPI 和 EPOQUE 进行同族查询分别获得了两篇和 6 篇同族，其中不存在可以使用的对比文件。而使用同族浏览器，在其中的 SIPOABS 数据库中除上述 6 篇同族外，还获得了其在 EP、AU、JP、US、CA 的另外 6 篇"同族"，所述 6 篇"同族"的公开日均在本申请的申请日前，其中存在能够评述本申请新颖性的对比文件。

结果分析：

对于存在同族的申请，同族查询器可作为快速获取同族信息、查看在先公开的同族文献的有力工具之一。获取同族的不同工具或方法所获同族结果可能由于对同族的定义以及收录文献上的差异而导致结果迥异。即使通过同族查询器不能直接获得可用于评述权利要求的新颖性/创造性的同族文献，仍有可能通过对该同族的引证信息和被引证信息的进一步查询获得对比文件。

（2）申请人申请查询器

申请人申请查询器主要用于浏览申请人的相关申请信息，通过该功能可分析是否存在重复授权，获得申请人的在先申请以辅助理解发明、补充背景技术，以及分析在先申请中是否存在相关对比文件。其不足之处在于，有些申请人的专利申请较多，导致文献量过大、不适于快速浏览。

（3）引证与被引证查询器

引证与被引证查询器用于获取文献的相关引证与被引证文献的概要信息，快速了解背景技术并追踪获取对比文件。

【案例 2-1-10】

案情简介:

权利要求：一种口腔液体中乙肝病毒标志物的检测装置，其特征在于由口腔液体收集部分外盖(1)和叠合在一起的试纸条外壳上层(4)、试纸条(6)及试纸条外壳下层(5)组成，试纸条外壳上层(4)由试纸条外壳上层支架(9)支撑，其上有口腔液体样本槽(3)、反应和结果观察窗(7)、手持部位(8)；试纸条(6)上有口腔液体收集垫(2)、抗原金标垫(10)、抗体金标垫(11)、抗原指示线(12)、抗体指示线(13)、抗原检测1区(16)、抗原检测2区(17)、抗体检测1区(18)、抗体检测2区(19)、抗体检测3区(20)、抗原对照线(14)、抗体对照线(15)、抗原吸收垫(21)、抗体吸收垫(22)和试纸条抗原抗体中央隔(23)；试纸条外壳下层(5)上有试纸条外壳下层中央隔(24)。

检索过程:

通过关键词、分类号检索获得对比文件 WO2006/122450A1，浏览该对比文件认为其背景技术中可能存在能够结合评述创造性的文献，进而使用引证与被引证查询器查询 WO2006/122450A1 的引证文献，即获得另外一篇相关对比文件 US6303081B1，可用于结合评述权利要求的创造性。

结果分析:

引证与被引证查询器能够快速对文献进行追踪检索，在补充背景技术及通过初步检索即可能获得对比文件方面具有较大优势，其快速浏览和快速详览的功能使浏览文献更加便捷。

二、S系统中生物技术领域的一般要素表达

检索要素的表达主要是通过分类号和关键词进行。本部分内容将介绍生物技术领域在专利检索与服务系统的一般要素表达。

1. 分类号检索

通过分类号检索可避免技术术语的表达差异，检索获取同一分类位置下的所有相同的技术主题。表2-1-3简单比较了专利检索与服务系统中各数据库可供检索的分类号类型。

表2-1-3 各数据库可供检索的分类号类型

类　　型	数据库	可供检索的分类号
专利文摘数据库	CNABS、CPRSABS	IC
	DWPI	IC, DC, MC, EC, UC, FI, FT
	SIPOABS	IC, EC, UC, FI, FT
专利全文数据库	CNTXT、WOTXT	IC
	EPTXT	IC, EC
	USTXT	IC, UC
	JPTXT	IC, FI, FT

1) 分类号的特点和优势

S 系统对分类号信息进行了深入挖掘和整合加工，各数据库中的分类号检索具有以下特点：

（1）DWPI 新增了 EC/FI/FT/ UC 四个分类号检索入口，并将 ICO 分类号并入 EC。

（2）SIPOABS 以分类号检索见长，是进行分类号检索的优选数据库。

（3）已如前述，EPTXT、USTXT、JPTXT 等全文数据库分别提供了该国家或地区特有的分类号检索入口，如 EC/UC/FI/FT。

2) 分类号的分析和扩展

S 系统可以进行分类号的分析和扩展，纵向上提供指定分类体系的分类号含义以及上下级关系，为快速确定检索的技术领域提供帮助；横向上将各分类体系的不同分类位置相互关联，方便扩展检索到不同国家中同一技术领域的专利文献。

（1）在分类号基本查询中扩展。分类号基本查询提供了 IC、UC、EC、DC、MC、FI、FT 的分类号查询及分类号含义（中英）查询，其中的分类号含义中文查询可通过关键词直接定位到特定分类体系的特定分类位置，实现各分类体系内部的纵向关联。

例如，在"多功能查询器"→"分类号基本查询"的"分类体系"中选择"ECLA"；"查询方式"中选择"分类号含义（中）"；"查询内容"中填写"干细胞"，便可获得与干细胞相关的所有 13 个 EC 分类号：C12N 5/06B2P、C12N 5/06B6P、C12N 5/06B8P、C12N 5/06B12P、C12N 5/06B14P、C12N 5/06B18P、C12N 5/06B20P、C12N 5/06B21P、C12N 5/06B22P、C12N 5/06B26P、C12N 5/06B28P、C12N 5/06B11P、C12N 5/06B12B，而无需采用干细胞的英文表达进行查询。通过上述功能，可以方便地获取同一分类体系内部相互关联的全部分类位置，提高检索的全面性。

（2）在分类号关联查询中扩展。分类号关联查询提供了 IC、UC、EC、DC、FI、FT 之间的关联查询，且多为双向互换。例如，可根据某一 UC 分类号方便地获得相应的 IC、EC 分类号信息；或根据某一 IC 分类号快速地获得相应的 UC、EC 分类号信息。

例如，在"多功能查询器"→"分类号关联查询"的"分类体系"中选择"UC"，并在"分类号"内填入 UC 号"435/69.2"进行查询，便能获得其对应的 IC 分类号 C12N15/09；也可在"分类体系"中选择"IPC8"，并在"分类号"内填入 IPC 号"A61K48/00"进行查询，获得其对应的 UC 分类号 424/93.2、424/93.21，以及细分的 ECLA 分类号 A61K48/00D2 等。

就生物技术领域而言，欧洲、美国、日本的技术发展水平在多数子或亚领域均处于领先位置，同时 EC、UC 以及 FI/FT 相比于 IPC 进行了更加细化的分类。在某些情况下，采用 EC、UC 或 FI/FT 进行检索获得的文献信息比用 IPC 获得的更准确、更相关。

【案例 2-1-11】

案情简介：

权利要求：一种利用微藻的趋光性采收微藻藻体的方法，所述方法包括下列步骤：1）在适合微藻生长的条件下，在微藻培养装置中培养微藻，至待采收的微藻生长到可采收的阶段；2）将存在至少一个透光面的微藻培养装置或采收装置的所有透光面用遮光层遮盖，并且在任意一个透光面的遮光层上开一个或多个光孔，在所述光孔处放置光源；和

3) 经过适当的时间,待培养液中的微藻基本上聚集在光源的周围时,除去清液,得到高浓度的藻体,其中所述一个或多个光孔在所述微藻培养装置或采收装置的底部透光面或侧面偏下部透光面的遮光层上。

检索过程:

根据申请文件主分类号 C12N 1/12,在"分类号关联查询"中获得其相关 FI 号 C12N 1/12、C12N 1/12@A、C12N 1/12@B、C12N 1/12@C,在右栏的日文解释中还可直接阅读该 FI 分类释义为"単細胞藻類;そのための培地(多細胞植物の栽培 A01G;新規な植物 A01H13/00)",得到有用的相关 FI 分类号 A01G。以 A01G 和关键词进行组合检索,可获得对比文件:JP 特开平 9 - 205916。

结果分析:

S 系统强大的分类号扩展功能使得分类号的查询转换更加便捷,其中分类号的解释有助于更快地定位其他相关的分类位置。

2. 关键词检索

关键词是在充分阅读理解文献的基础上所抽取出的最能体现发明特征的字词。关键词检索相比于分类号检索更加方便、快捷,在生物技术领域的专利文献检索中应用尤为广泛。

1) 不同数据库的关键词检索

SIPOABS 的 BI 索引主要收录了摘要(AB)和发明名称(TI)。虽然 SIPOABS 将同一申请的公开、公告文本作为两条记录,但是概要浏览会对检索信息进行整合,将同一申请的公开、公告及其同族申请均放入同一条概览窗口中。

DWPI 的 BI 索引包括 AB、TI、KW 三个字段,约等于 WPI 的 BI 索引中的 AB、TI、AW、AWW、IW、IWW 字段。由于 DWPI 对摘要进行了重新加工,使其成为关键词检索的首选数据库。

CPRSABS 和 CNABS 中的 BI 索引包括 AB、TI、KW 三个字段,因此用 CPRSABS 和 CNABS 进行中文关键词检索时,若只选择"KW"字段会造成检索不全面,推荐勾选"联合索引"使得检索在 BI 索引下进行。

2) 包含特殊字符的关键词检索

前已述及,S 系统在 BI 索引下对一些特殊字符均进行了标引,如"%"、"数字"、"/"、"-"、">"、"<"、"."、":",该标引的增加对于数值范围、百分数、小数等包含特殊字符的关键词检索提供了很大的便利。如 C12P 分类号涉及生物制品制备/生产方法类的权利要求中常常包含数值范围、百分数及小数,此时可直接输入包含特殊字符的关键词进行检索。

例如:CNABS   62   产朊假丝酵母 and (5. +% or 5% or 10% or 10.0%)
        DWPI   449   37.1

由于对特殊字符均进行了标引,因此生物技术领域中的某些命名实体可以直接进行检索,大大提高了检索的效率和准确性。举例说明如下:

(1) 带有"-"字符的实体名(例如质粒/载体、细胞系、离子泵、酶等)

例如:CNABS   55   Pet-30a
        DWPI   78   sf-9

　　　　SIPOABS　　　272　　Na-K

(2) 带有"/"字符的实体名（例如离子通道、蛋白酶）

例如：SIPOABS　　　593　　Na$^+$/K$^+$
　　　DWPI　　　　10　　Na/K-ATPase

(3) 短链化合物

例如：SIPOABS　　　15　　CH3－CH2－OH
　　　DWPI　　　　5　　CH3－COOH

短链化合物还可以用不包含"－"的形式进行查询，且往往获得的结果数更多。

例如：SIPOABS　　　36　　CH3CH2OH
　　　DWPI　　　　1182　CH3COOH

实际检索工作中两种形式均应进行检索，方能保证检索结果的全面性。

(4) 带"."的字符的菌种、种属名

例如：CNABS　　　　1305　E. coli
　　　DWPI　　　　9　　Glomus sp.

需要指出的是，由于上述特殊字符均视为独立的单词，因此在检索具有上述特殊字符的关键词时，应使用"1w"、"2D"分别代替 EPOQUE 系统中的"w"、"1D"。

例如：在全文库 EPTXT 中查找"AT 碱基可以被 GC 取代"这一特征：

　　　EPTXT　　　　8　　AT/GC
　　　EPTXT　　　　7　　AT W GC
　　　EPTXT　　　　58　　AT 1W GC

在不涉及上述特殊字符检索时，若用英文词组进行检索，可直接输入词组，而无需使用邻近算符"w"。

例如：DWPI　　　　4　　rice tiller
　　　DWPI　　　　4　　rice W tiller（结果与不输入"w"完全相同）

3. 检索式构建

截词符可进一步丰富关键词的表达，算符用于检索式的构建。合理选用截词符、算符可以帮助提高检索效率、扩展检索思路。表 2-1-4 简单介绍了 S 系统中的主要截词符及算符。

表 2-1-4　截词符及算符列表

	截词符/算符	主要用法示例	含义
截词符	?	fib?	检索 fiber 和 fibre
	#	gr#y	检索 gray 和 grey
	+	+SO$_4$	检索 Na$_2$SO$_4$，K$_2$SO$_4$ 等
布尔算符	AND	antibody AND antigen	antibody 和 antigen 的"交"集
	OR	primer OR probe	primer 和 probe 的"并"集
	NOT	kit NOT buffer	从 kit 中排除 buffer 的内容

续表

截词符/算符		主要用法示例	含 义
关系算符	=	UC = yes	具有 UC 号的文献
		PD = 2006	2006 年公开的文献
		APD = 19830526	申请日为 1983 年 5 月 26 日的文献
	！=	UC！= yes	不具有 UC 号的文献
		PD！= 2006	除 2006 年公开的文献外的文献
		APD！= 19830526	申请日不是 1983 年 5 月 26 日的文献
	<	PD < 20091001	2009 年 10 月 1 日前公开的文献
		APD < 2008	申请日在 2008 年前的文献
	>		
	< =	与"<"用法类似	
	> =		
	:	PD = 2000：2011	2000～2011 年间公开的文献
		4：8	相当于"OR 4，5，6，7，8"，即检索式 4～8 的或运算
		/IC C12N1：C12N15	相当于检索分类号为 C12N1 到 C12N15 的文献
邻近算符	W	Bacillus W sp.	Bacillus 和 sp. 紧接着，先 Bacillus 后 sp.，词序不变
	nW	hela 2W line	Hela 和 line 之间有 0～2 个词，且词序不能变
	= nW	hela = 2W line	hela 和 line 之间只能有 2 个词，且词序不能变
	D	gene D screen	gene 和 screen 紧接着，但两者的词序可变
	nD	gene 2D screen	gene 和 screen 之间有 0～2 个词，词序可变
	= nD	design = 1D primer	design 和 primer 之间只能有 1 个词，词序可变
同在算符	F	Gene F Protein	Gene 和 Protein 在同一字段中
	P 或 L	Gene P Protein	Gene 和 Protein 在同一段落中
	S	Gene S Protein	Gene 和 Protein 在同一句子中
	NOTF	Gene NOTF Protein	Gene 和 Protein 不在同一字段中
	NOTP	Gene NOTP Protein	Gene 和 Protein 不在同一段落中
	NOTL	Gene NOTL Protein	Gene 和 Protein 不在同一段落中
	NOTS	Gene NOTS Protein	Gene 和 Protein 不在同一句子中
频率算符	frec	sequence/FREC > 3/TI	TI 中"sequence"出现超过 3 次的文献
		PCR/FREC = 6	BI 中"PCR"出现次数等于 6 次的文献

其他说明：

(1) 两个特有的算符：! = 和 FREC。其中，! = 的含义为"不等于"，其含义和"="相反，具体用法和"="类似；FREC 仅用于 BI 索引中，表示关键词或检索词出现的频率。

(2) 截词符的位置没有任何限制。例如，在 SIPOABS 中检索"f +"，获得结果为 50943126；在 BI 索引中检索"+"，获得结果为 75858699，显示了数据库中的所有文献。

(3) 检索英文词组时，可以不使用邻近算符，直接进行检索。

例如：检索 arachidonic acid 或 E. coli，可以直接输入检索式：arachidonic acid 或 E. coli（有无空格对结果没有影响）。

SIPOABS 3722 arachidonic acid

SIPOABS 3866 E. coli

对于有连词符的关键词，例如：pET - 28a，也可以直接输入如"pET - 28a"，进行精确检索。

DWPI 116 pET - 28a

但需特别注意，输入连词符号时，一定要用英文输入状态下的"-"，而不能使用中文状态中常用的"－"，否则无法获得检索结果。

(4) 截词符和算符可以组合使用，搭配括号以显示检索式的优先运算层级和逻辑关系。

例如："(gene? or protein?) not fragment?"但是，在界面检索下不推荐使用多个算符，可以通过各种二级检索式进行组合。

总之，合理地选择适当的分类号与关键词，巧妙地搭配截词符与算符使用，进一步通过二次检索、限制检索、转库检索进行检索式构建，最终为有效获取对比文件提供有力的保障。

三、S 系统中生物技术领域检索策略

1. 生物技术领域的一般检索模式

根据 S 系统的功能特点及使用特点、各数据库收录的文献数据特点，以及生物技术领域的领域特点，同时参考借鉴美、日、欧三方专利局生物技术领域检索模式中的合理之处，图 2-1-1 推荐了一种在 S 系统中进行生物技术领域的专利文献检索的一般检索模式。

在实际检索工作中，审查员需要根据个案案情的不同，结合各数据库的特点，以图 2-1-1 的检索策略为基础，针对不同类型的专利申请制定适宜的检索策略，以期有效利用专利检索与服务系统提供的各种平台，充分发挥其各自的优势，提高检索的全面性与精准性。

2. 生物技术领域的检索示例

以下结合生物技术领域的特点，介绍生物技术领域在专利文献检索中的一般检索示例和 3 种追踪检索示例。为审查员高效、快速获取对比文件提供检索思路。

1) 一般检索示例

【案例 2-1-12】

案情简介：

权利要求 1：一种恶性肿瘤磁热疗用纳米靶向药物，其特征在于其中包括质量配比为

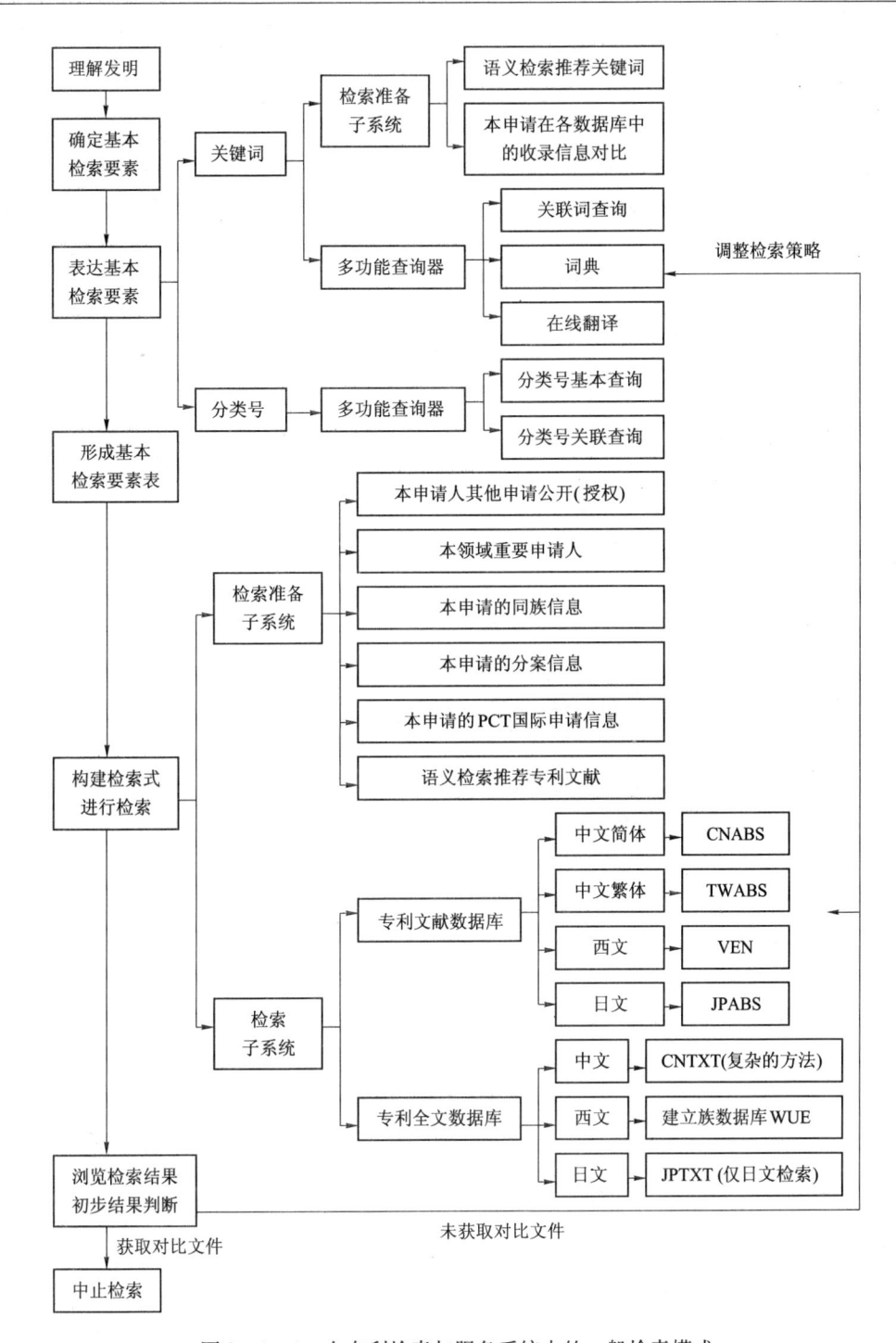

图 2-1-1　在专利检索与服务系统中的一般检索模式

1∶0.001~0.20 的效应分子和导向分子，所述的效应分子为磁粉，该磁粉粒径不超过 100nm，产热比功率 SAR 为 10~7000W/g，所述的导向分子包括抗体或配体，也包括同时具有磁性靶向功能的磁粉，该靶向药物的粒径为 2~1000nm。

申请日：2006 年 10 月 24 日

优先权日：2005年10月25日

申请人和发明人：朱宏

检索过程：

（1）理解发明。权利要求的主题名称为纳米靶向药物，其包括效应分子和导向分子，其中效应分子为磁粉，导向分子包括抗体或配体或具有磁性靶向功能的磁粉。由于效应分子和导向分子中均包括磁粉，确定二者是否等同是理解发明并确定/表达基本检索要素的关键点。根据说明书所述，本申请的药物是通过"纳米磁粉+抗体/配体"的结构实现主动靶向功能的，其中抗体/配体决定了主动靶向功能，磁粉决定了磁性靶向功能，纳米效应决定了被动靶向功能。因此，效应分子和导向分子中包括的磁粉是具有相同功能的磁粉。

（2）确定/表达基本检索要素。在理解发明并分析权利要求1后，确定基本检索要素为：纳米靶向药物、效应分子、导向分子、纳米磁粉、抗体/配体。同时，权利要求1中需要考虑的检索要素还包括参数限定和用途限定。权利要求1中采用了质量配比、磁粉粒径、产热比功率SAR、靶向药物的粒径4个参数限定。上述参数很难出现在其他专利文献的权利要求1或摘要中，因此可以考虑采用全文数据库进行检索，而在摘要数据库中应优先采用结构和/或组成进行检索，再根据检索结果考虑是否需要加入上述参数进行限定。同时，权利要求1还采用了"恶性肿瘤磁热疗用"的用途限定，虽然用途限定并不一定隐含了产品具有某种特定的结构和/或组成，但是如果提取的基本检索要素很难检索获得有效数量的对比文件，也可以通过上述用途限定快速排除不相关的文献。

就本申请而言，药物、抗体、磁疗均有其准确的分类位置，本申请还同时涉及纳米药物，因此在检索中可以考虑组合使用 ICO 标引码 Y01N2/00（超微生物技术）、Y01N12/00（超微磁技术）以及广域FC分类 ZMN（纳米技术）等。

（3）构建检索式进行检索。选择摘要数据库，检索"纳米磁粉+抗体/配体+恶性肿瘤磁热疗用"，以期直接获得"恶性肿瘤磁热疗用的具有纳米磁粉+抗体/配体结构的靶向药物"的对比文献。省略用途限定，检索"纳米磁粉+抗体/配体"，以期获得功能不同但结构相同药物的对比文件。如果获取对比文件，则通过浏览全文或检索全文数据库，对参数限定进行确认；如果未获取对比文件，则进行要素省略，针对创造性进行检索。

进入检索准备子系统，了解本申请的相关信息并获取相关文献；或选择核心检索后进入 CNABS 数据库，输入检索式"（朱宏/in/paas）and 磁/bi and pd<2007"，获得33篇检索结果。其中均涉及：

文献1：200510095000.5（CN1772303A，申请日2005年10月25日，公开日2006年5月17日，优先权）

文献2：200510095001.X（CN1772300A，申请日2005年10月25日，公开日2006年5月17日）

文献3：200510095002.4（CN1785430A，申请日2005年10月25日，公开日2006年6月14日）

文献1~3的申请日均为本申请的优先权日且已被公开，公开日在本申请的优先权日和申请日之间，可能构成PX文献。如果本申请的优先权不成立，则文献1~3可能成为X类文献。

核实优先权后发现，权利要求1中"靶向药物的粒径为2～1000nm"这一特征并未在在先申请中公开。在先申请公开的靶向药物的粒径是5～1000（权利要求1、说明书第3页第12行）、15～20nm、20nm、20～70nm、40～80nm、60～130nm、110～180nm、960～1000nm（实施例1）、20nm（实施例2）、20～70nm（实施例6）、40～80nm（实施例7）、50～100nm（实施例8）。虽然，由于"2"这个点值没有被在先申请公开，使得权利要求1的优先权不成立，文献1～3变成本申请的X类文献。但是，由于在先申请和本申请中均公开了大量的数值范围，如果申请人将"2～1000"修改为"5～1000"即可克服优先权不成立的问题。因此不建议中止检索，应当继续进行检索。

继续在CNABS中输入以下检索式：

1（抗体 or 配体）/bi and 磁/bi	1809
2（纳米 or NM or 微米 or 微粒 or 粉末 or 颗粒 or 细粒 or 超细 or 超微）/bi	288323
3（肿瘤 or 瘤 or 癌）/bi	56867
1 and 2	986
1 and 2 and 3	283

因为获得的检索结果较多，难以进行有效地浏览。因此，考虑对配体和/或抗体分别进行下位限定，特别是从属权利要求中出现的具体配体和/或抗体的种类，以期缩小检索结果。

5（叶酸 or 转铁蛋白 or 糖 or 多肽 or 核酸 or 激素）/bi	164505
6（CEA or AFP or CA125 or PSA or TRIGEN or VITAXIN or 4B5 or BREVAREX or CA15 or PAP or CA50 or HCG or NSE or HER2 or TPA or HAB18 or RITUXAN or EPRATUZMAB）/bi	3483
1 and 2 and 5	515
1 and 2 and 5 and 6	37

通过浏览检索结果，没有获取合适的对比文献。

更换到SIPOABS数据库中，采用相同的策略进行检索：

1（antibody or ligand）and magnetic	2214
2 antibody and ligand and magnetic	48
3（cancer or tumour or knub）/bi	197284
4（CEA or AFP or CA125 or PSA or TRIGEN or VITAXIN or 4B5 or BREVAREX or CA15 or PAP or CA50 or HCG or NSE or HER2 or TPA or HAB18 or RITUXAN or EPRATUZMAB）/bi	19079
1 and 3	42
1 and 4	39

获得对比文件：JP特表2005-523736A（2005.8.11），US2003/0032995A1（2003.2.13），US2005/0090732A1（2005.4.28），US2003/0028071A1（2003.2.6）。

2）申请人和发明人（包含公司代码）的追踪检索

申请人和发明人是常规的追踪检索入口。DWPI数据库有公司代码的检索字段，审查员可以通过公司代码方便地追踪公司或企业的系列申请。以下介绍一个通过检索申请人/发明人获得对比文件的案例。

【案例 2-1-13】

案情简介：

权利要求：在哺乳动物中逆转 I 型糖尿病的方法，包括施用微球组合物，其中在所述组合物中的微球含有与选自 CD40、CD80 和 CD86 初级转录物的初级转录物及其组合是反义的并与它们定向结合的寡核苷酸。

发明人：拉里·R. 布朗、尼克·吉安努卡基斯、金伯利·A. 吉利斯。

本申请为 PCT 申请，国际检索报告中没有给出任何能影响权利要求新颖性或创造性的对比文件。

检索过程：

在 CNABS 的发明人（IN）入口中以"吉安努卡基斯"进行检索，可获得两篇专利文献，其中之一为本申请，另一篇是发明人本人的一篇中国专利文献：申请号为 200580015308，其与本申请的技术内容密切相关，但公开日晚于本申请的优先权日，然而其 PCT 同族的国际公布日早于本申请的优先权日，可作为对比文件使用。

结果分析：

申请人和发明人（包含公司代码）追踪往往是审查员优先检索的重要检索入口，其对于理解申请人/发明人的发明思路，了解背景技术以及获取相关对比文件十分重要。

值得注意的是，不同数据库中的申请人和发明人检索入口具有各自的特点，审查员在检索时应注意由此引起的检索结果差异：

（1）在 CNABS 中包含"/PAAS"、"/PA"两个代码，其中"/PAAS"代表申请人或专利权人，而"/PA"代表申请人，因此通过/PA 检索的结果小于等于/PAAS 的检索结果。

例如：在 CNABS 数据库核心检索界面中检索申请人"南开大学"，得到的结果是相同的：（南开大学）/PA 1758；（南开大学）/PAAS 1758。检索申请人"李强"，得到的结果则不同：（李强）/PAAS 527；（李强）/PA 442。

（2）在 TWABS 中包含"专利权人"检索入口，其代码"/AS"。上述代码并非仅能检索已获得授权的申请人，实际上就是"申请人"入口，无论是否获得授权，只要是公开的中国台湾专利申请都可以检索。

3）引证和被引证的追踪检索

除申请人和发明人经常用于追踪检索以外，通过查找引证和被引证文献以获得背景技术或对比文件也是常用的追踪检索方法。S 系统提供了两种追踪检索的方式：第一，在核心检索界面中通过单击图标""后会弹出一个新的界面，其中包含了引证和被引证文献的相关信息，并可直接推送详览；第二，多功能查询器具有"引证与被引证查询器"选项，可通过输入公开号或申请号的方式直接查找获得引证和被引证信息。第二方面的内容已经在本章第一节第 3.2 小节中进行了详述，此处介绍一个通过核心检索进行追踪的示例。

【案例 2-1-14】

案情简介：

权利要求：一种重组病毒载体，其特征在于：该载体包括病毒载体和至少两条核苷酸序列，所述核苷酸序列分别编码致病病毒的抗原，所述抗原含有 B 细胞表位和 T 细胞表位，该重组病毒载体能使免疫动物产生体液免疫和细胞免疫反应。

检索过程：

在 CNABS 数据库的核心检索界面，以本申请的公开号 CN101220373 在公开号（PN）入口进行检索，单击图标"🏃"进行引证和被引证文献相关信息的追踪，获得一篇引证文献：CN1887350A，该文献与本申请的技术内容密切相关，可作为对比文件进行使用。

结果分析：

通过 CNABS 数据库的申请人或发明人入口检索，获得该申请人在先申请的几十份专利申请，由于该结果按照时间排序，所以需要大量的浏览时间才能获得上述对比文件。而通过图标"🏃"获得的结果可以按照与本申请技术内容相关顺序排序，从而大大降低了浏览量，可以快速准确地获取相关对比文件。

除此之外，在 SIPOABS 数据库中还具有一系列涉及引证和被引证文献检索的字段，供审查员在界面检索中使用。表 2-1-5 显示了 SIPOABS 中与检索引证和被引证相关的字段和索引。

表 2-1-5 SIPOABS 中检索引证和被引证文献的字段和索引

字　段	索　引	说　明
CT	CT	专利文献引用（检索报告阶段）
CTNP	CTL	非专利引文
EXNP	CTL	非专利引文
RFNP	CTL	非专利引文
CTNP	CTNP	非专利文献引用（检索报告阶段）
CT	CTP	专利引文
EX	CTP	专利引文
RF	CTP	专利引文
EX	EX	专利文献引用（审查阶段）
EXNP	EXNP	非专利文献引用（审查阶段）
RF	RF	专利文献引用（申请阶段）
RFNP	RFNP	非专利文献引用（申请阶段）

4）同族信息的追踪检索

同族专利申请信息对于专利申请检索而言是不可或缺的一个重要检索方式。通过检索查找同族专利申请在各国的审查状态，从而获得其他专利局所检索到的对比文件和审查意见，对于专利申请的检索和审查都是有一定助益的。表 2-1-6 以公开号 CN101384708 的申请为例，显示了同族文献信息的追踪方法。

表 2 – 1 – 6　同族文献信息的追踪方法

检索准备子系统	案卷相关信息
多功能查询器	同族查询器
DWPI 中的扩展同族	CN101384708/PN，..LI PN； ..FAM CN101384708/PN
SIPOABS 中的简单同族	CN101384708/PN，..LI PN； ..FAM CN101384708/PN

第二节　互联网专利信息资源

一、互联网专利数据库

在专利审查工作中，审查员经常检索使用互联网专利数据库，包括 SIPO、EPO、JPO、USPTO、KIPO 和 WIPO 专利数据库以及 Google Patent、Patent Scope 等。这些互联网专利数据库可以作为 S 系统的重要补充。

1. 资源介绍

1）欧洲专利局 EPO（网址：http：// www. epo. org）

EPO 网站包括 espacenet 检索系统和 epoline 检索系统。espacenet 检索系统（网址：www. espacenet. com）供用户免费使用世界上数十个国家或地区的专利申请的著录项目、摘要、说明书、专利族数据库、INPADOC 的法律状态等信息；epoline 检索系统（网址：www. epoline. org）提供自 1978 年欧洲专利申请或指定欧洲的 PCT 专利申请的著录项目、说明书、专利族数据库、审查过程的文件以及经过加工整理的法律状态查询 EPO 审查过程的网址：https：//register. epo. org/espacenet/regviewer。

2）美国专利商标局 USPTO（网址：http：// www. uspto. gov）

USPTO 网站提供 1976 年以来到最近一周发布的美国专利全文库（http：//patft. uspto. gov/），以及 1790—1975 年的专利全文扫描图像，该库由文献著录信息库（Bibliographic Database）和文本全文库（Full – Text Database）组成。在 USPTO 网站上也提供美国专利的法律状态、专利族、引文、审查过程等文件（网址：http：//portal. uspto. gov/external/portal/pair）。

3）日本专利局 JPO（网址：http：// www. jpo. go. jp）

JPO 网站将自 1885 年以来公布的所有日本专利、实用新型和外观设计电子文献及检索系统通过工业产权数字图书馆（IPDL）免费提供给互联网使用，设计有英文版和日文版两种网页。JPO 外网网站提供日文 – 英文的专利文献在线翻译服务，也提供日本专利的英文法律状态、专利族、引文、审查过程等文件（网址：http：//aipn. ipdl. inpit. go. jp/）。

4）韩国知识产权局 KIPO（网址：http：//eng. kipris. or. kr/）

KIPO 网站下属的韩国工业产权信息服务中心（Korean Intellectual Property Rights Information Service，以下简称 KIPRIS）从 1998 年开始为本国和外国提供互联网在线免费专利信息检索服务；1999年提供韩国专利、实用新型的英文专利文摘（KPA）对外检索服务；2007年KIPRIS网站增加了韩国外观设计和商标专利的英文检索、KIPRIS信息报道、帮助文件和及时在线、XML标准的图像格式、专利法律状态查询、专利文献韩、英文机器翻译等服务项目。该系统可以检索韩国自1948年以来审定/授权公告的以及自1983年以来公开的发明、实用新型专利申请的著录项目、摘要、附图、说明书全文、法律状态等（网址：http：//kposd. kipo. go. kr：8088/up/kpion/）。

5）世界知识产权组织WIPO（网址：http：//www. wipo. int）

WIPO网站包含了PCT国际申请说明书（International Application）和PCT国际申请公报（The PCT Gazette），自1978年以来，通常所出版的国际申请说明书同时附有检索报告，有时单独出版的检索报告，每周更新数据库（网址：http：//www. wipo. int/pctdb/en/）；PCT国际申请公报创刊于1978年，每月2~3期，用英语法语分别出版。WIPO网站提供的检索系统Patent Scope（网址：http：//www. wipo. int/pctdb/en/index. jsp）收录了图像形式的1978年以来公开的PCT国际申请；1978年以来的文本形式的英语、法语、德语、西班牙语或俄语公开的说明书、权利要求书；2008年7月以来的文本格式的日语公开的说明书和权利要求书。可用来查询国际局的审查文件及进入不同国家的情况（网址：http：//www. wipo. int/pctdb/en/）。

6）中国台湾专利公报资料库检索系统（网址：http：//www. patent. org. tw）

在其网站上可查询中国台湾的专利说明书全文，其优势在于收录的中国台湾专利文献全面，可以弥补内网数据对早期中国台湾专利收录不全的缺点。

7）Google Patent（网址：http：//www. google. com/patents）

Google Patent网站收录文献目前仅限于美国专利文献，其数据来源于美国商标局（USPTO），但同时Google利用自有资源对数据进行保存和再加工，从而可以方便快捷的搜索。收录了自1790年以来至最近几个月内的USPTO所提供的所有授权及公开文本，共约700多万篇专利和100多万篇公开文本。

可全文检索，也可对专利号、发明名称、权利要求、说明书等全部内容进行搜索，弥补了国家知识产权局内网数据对早期美国专利收录不全、USPTO网站对1976年以前公开的美国专利文献检索功能较弱的缺点，同时搜索结果采用相关度排序方式。主要优势在于检索途径方便，可进行全文检索，对于生物领域短序列或菌株名称等也可直接检索，收录的美国专利文献比较全面。

【案例2-2-1】

案情简介：

权利要求1：一种提高林可霉素产量的方法，其特征在于，该方法通过向林可霉素产生菌的发酵培养基中加入半乳糖来实现。

权利要求2：如权利要求1所述的方法，其特征在于，所述林可霉素产生菌为林肯链霉菌（*Streptomyces lincolnensis*）。

检索过程：

本申请涉及一种提高林可霉素产量的方法，其中林可霉素产生菌及半乳糖是发明的关键，可以利用关键词来进行检索。通过Google Patent数据库，直接利用关键词

Streptomyces、lincolnensis、galactose 进行检索，即可获得 1963 年公开的相关对比文件 US3086912。

结果分析：

Google Patent 收录了绝大部分已公开的美国专利文献，尤其包含 1976 年以前公开的早期美国专利文献。其提供了针对全文的关键词检索，操作简单、方便快捷。

8) 其他国家（地区）工业产权检索系统

除了以上介绍的主要外网专利信息资源数据库外，很多其他国家（地区）工业产权检索系统可以通过国家知识产权局网站链接进入并获取各个系统的使用指南，进入方式为：国家知识产权局网站 http：//www.sipo.gov.cn/sipo→服务→文献服务→互联网专利检索系统。

2. 文献收录及各自特点

表 2-2-1 显示了互联网主要专利数据库的综合比较。这些专利数据库在收录的生物技术领域专利文献范围、检索方式以及可获得的专利相关信息等方面，都存在很大差异。审查员在检索过程中不应忽视互联网主要专利数据库的检索。以下就互联网专利数据库的数据资源以及检索利用特点进行比较，供审查员在首次检索或补充检索中作为参考。

表 2-2-1 互联网主要专利数据库的综合比较

数据库	文献收录	关键词检索途径	分类号检索途径	优缺点
WIPO 专利数据库	1978 年以来生物领域的 PCT 国际申请	检索字段：发明名称、摘要、权利要求、说明书和全文；可利用英文、法文、日文进行检索	IPC	更新速度快；可以查看 WO 文献的全文，可获得 WO 申请的国际检索报告以及同族专利文献的情况；但分类号检索入口单一
EPO 专利数据库	Espacenet 提供 90 多个不同的国家和地区公布的专利申请信息，提供世界各国专利文献 7000 多万篇，覆盖了所有 EPO 公布的专利申请的全文文本	检索字段：发明名称和摘要 可利用英语、法语和德语进行检索	IPC ECLA	更新速度快；可以获得欧专局的检索报告以及审查过程；可查看专利族、引用文件的信息和欧洲法律状态信息
JPO 专利数据库	1885 年以来公布的所有日本专利、实用新型和外观设计电子文献	检索字段：发明名称、摘要、申请人名称 可利用英语进行检索	IPC FI/F-term	FI/F-term 分类号有利于生物装置/仪器等方面专利的检索；可获得日文专利文献的英文翻译；可查看日本专利的英文法律状态、专利族、引文、审查过程。但英文摘要检索库中只收集了 1976 年以来的日本专利申请，数据不够全面

续表

数据库	文献收录	关键词检索途径	分类号检索途径	优缺点
USPTO 专利数据库	1976 年以来到最近一周发布的美国专利全文库，以及 1790～1975 年的专利全文扫描图像	检索字段：发明名称、摘要、权利要求、说明书和全文可利用英语进行检索	IPC UC	美国的专利文献全面，更新及时；可以获得美国局的检索报告、审查过程以及美国法律状态信息。 但 1975 年以前的文献不能全文搜索
KIPO 专利数据库	1948 年以来审定/授权公告的以及自 1983 年以来公开的发明、实用新型专利申请	检索字段：发明名称、文摘、主权利要求和全文可利用英文进行检索	IPC	韩国专利文献收录全面；可以获得韩文专利文献的英文翻译

【案例 2-2-2】

案情简介：

权利要求：一种多肽，其包含的氨基酸序列在源自属于棒杆菌的微生物的谷氨酰胺合成酶 2 的氨基酸序列中删除、取代或添加了一个或多个氨基酸，其中当所述多肽在作为宿主细胞的野生型棒杆菌中表达时，L-谷氨酰胺的产量比野生型棒杆菌更大。

检索过程：

本申请涉及一种经过突变后获得的产 L-谷氨酰胺能力更强的酶。申请人为日本协和发酵株式会社，因此优先考虑在互联网 JPO 专利数据库中采用关键词进行检索。在 IPDL 网站上的 PAJ 检索界面中输入关键词 "glutamine and synthetase"，即可检索到相关对比文件 JP2002-300887，并且可以同时获得此文献的英文翻译。

结果分析：

对于一些日本申请，可以优先考虑在互联网 JPO 专利数据库中开始检索，比较容易获得相关的对比文件。同时，互联网 JPO 专利数据库可以方便地获取相应的英文翻译，减少了语言不通带来的阅读障碍。

二、互联网他局检索方法的参考

1. 一般检索方法与策略

1）美国专利商标局

（1）专利检索中使用的检索工具

USPTO 在 http：//www.uspto.gov/web/patents/searchtemplates/ 提供检索模板。检索模板定义了在检索每个技术领域的专利申请时应该考虑的基本检索范围、检索工具和检索必备方法。该检索模板按 UC 大类和小类编排，其中发明主题被分入所述大类和小类，或在所述大类和小类中对其进行检索。在生物技术领域检索中，USPTO 给出的基本检索范围包括：

  a. 国内专利：授权和公开的申请（PGPubs）；

  b. 国外专利：德温特世界专利索引（Derwent World Patents Index）、EPO 摘要、FPAS3、JPO 摘要和 JPO 工业产权数字图书馆（Industrial Property Digital Library）；

  c. NPL 文献（非专利文献数据库）：Biosis、CAOLD、Caplus、Dissertation Abstracts Online、Dissertations and Theses – 全文数据库、EMBASE、MEDLINE、REGISTRY、SciSearch、CANCERLIT、CONFSCI、德温特生物技术资源、Inside Conferences。

（2）检索策略

USPTO 认为，对于一项申请的每一组权利要求而言，检索依赖于权利要求的内容并基于逐案而定的基础之上。阅读说明书并在分析和解释的基础上确定权利要求请求保护的是什么，给予每个术语最宽泛的合理的解释，并且该解释与申请所公开的内容相一致。然后，根据对权利要求的解释在内部以及外部数据库针对每个权利要求进行检索，包括序列检索、文本检索和关键词检索、发明人检索和分类号检索。对现有技术进行彻底检索，需要审查员进行 3 个独立的步骤：确认检索领域、选择合适检索工具进行检索、对每个选定的检索工具确定最合适的检索策略。

（3）检索特点

  a. USPTO 基本上不采用国际专利分类，而是一直沿用自己的 UC 专利分类；UC 分类号中有大类和小类，各大类描述不同的技术主题，而小类描述大类所含技术主题的工艺过程、结构特征、功能特征；"大类/小类"的组合成为完整的分类号；分类原则优先考虑"最接近的功能"的分类原则，通过类似的自然法则，作用于类似的物质或物体，可以获得类似的效果的工艺方法、产品装置等集中在同一类目中；这样的功能分类位置就可对该技术主题本身进行完整的检索。

  b. 检索定位到实施例，检索数据库多，且进行全文检索。

  c. 根据申请人的每一次答复，调整检索，结合新旧检索文件持续评述。

（4）检索总结

USPTO 对于英文公开的数据库的检索十分全面，并且由于母语的原因，以及基于对说明书全文包括实施例的理解，选用的关键词较为准确。在同领域申请人的追踪以及关键词的拓展上值得我局审查员学习和参考。但 USPTO 对欧洲、日本专利检索仅基于文摘库，并且其最低检索数据库也并不包括中文专利数据库和非专利数据库，因而，我局审查员在利用同族专利的 USPTO 检索结果或 USPTO 作出的国际检索报告时，应同时参考 EPO 和 JPO 的检索结果，并且，对中文库进行补充检索是十分必要的，并且还需要在参考时有针对性的利用其他的检索手段如 DC/MC、FI/FTERM、EC、IPC 等不同于 UC 分类的分类体系。

在策略与方法上，我局审查员需要注意在没有利用 UC 检索的情况下，对功能分类位置的检索需要予以重视；检索中，一般情况下，需要考虑是否应该将检索范围触底至实施例；补充检索以及新旧检索文件结合利用方面也需要注意考虑与加强。

2）欧洲专利局

（1）专利检索中使用的检索工具

a. 专利数据库：EPOQUE 系统的 WPI、EPODOC、PAJ 数据库，以及 TXTGB1、TXTWO1、TXTEP1、TXTUS 等多个英文全文数据库。

b. 非专利数据库：INSPEC、BIOSIS、IEE、IEEE、互联网公共资源（USPTO 网站、GOOGLE、GOOGLE Scholar、Altavista 搜索引擎以及 www.archive.org 等）。

（2）检索策略

欧洲专利局有一个基本原则：检索是基于申请文件的说明书和附图提供的技术信息所概括出的权利要求的主题而实施的。在开始检索能够决定所要求保护的发明可专利性的、与发明最相关的现有技术之前，审查员必须充分分析/理解专利申请的技术内容；因此每次检索初期重要的是对申请文件所引用的背景技术进行严格的分析。

欧洲专利局采用的检索步骤为：理解发明、分析权利要求、确定检索要素、表达检索要素、实际检索并浏览检索结果。并且实际检索的策略一般是首先进行简单检索，然后进行块检索。

（3）检索特点

a. 欧洲专利局检索主要采用分类号特别是 EC、ICO 分类号和关键词来进行检索，其使用的 EC 和 ICO 分类号中 EC 分类覆盖的文献范围非常广。在专利文献方面，欧洲专利局对 AP、AT、AU、BE、CA、CH、DE、EP、FR、GB、LU、NL、OA、US、WO 等国家/组织的专利文献进行 EC 分类；在非专利文献方面，欧洲专利局对覆盖许多技术领域的大量文献根据 EC 进行分类，其检索的数据库包括多个摘要数据库和多个全文数据库以及多个非专利文献数据库；因此，欧洲专利局的检索是非常有针对性的。

b. EPO 的检索报告中较高比例地引用非专利文献（生物技术领域尤其如此）。

c. 欧洲专利局的 EC 分类对中文专利文献、大部分日本专利文献和韩国专利文献并未覆盖。

（4）检索总结

由于欧洲专利局主要对上述数据库中的外文文献进行检索，且对中文专利文献、大部分日本专利文献和韩国专利文献并不提供 EC 分类。因此，我局审查员在借鉴其检索结果时，可以有针对性的增加检索 CNPAT 数据库和中文非专利文献，如 CNKI 和万方等，并且还需要在参考时有针对性的利用其他的分类号检索手段如 DC/MC、UC、FI/FT，对 EC 分类未覆盖的文献进行相应补充检索。

EPO 非常提倡在检索之前对申请文件所引用的背景技术进行严格分析，这一点需要我局审查员予以充分重视；同时，EPO 生物技术领域检索报告中较高比例地引用非专利文献与其非常重视非专利文献检索与不断完善非专利文献检索系统关系密切；在我局非专利文献检索平台尚不够完善与便捷的情况下，我局生物技术领域的审查员针对非专利文献检索往往需要付出更多的努力。

3）日本特许厅

（1）专利检索中使用的检索工具

WPI（STN、DIALOG）、CA（STN）、BIOSIS（STN、DIALOG）、MEDLINE（STN）、JDreamⅡ或内部数据库；电子期刊（Elsevier，生物网站）、族数据库检索；REGISTRY（STN）和 In-Agency DNA 检索系统。其中，JDreamⅡ非常适于用日文检索发明人，并可以检索到相关科学演讲摘要。

（2）检索策略

对于 JPO，下面所示顺序的基本检索方法被认为是最有效的：在商业数据库或内部数据库中进行发明人检索、氨基酸序列或核苷酸序列检索；在商业数据库或内部数据库中进行关键词检索；族数据库检索、在电子期刊（Elsevier、生物相关网站）中进行全文检索。

（3）检索特点

除了使用国际专利分类体系（IPC）以外，JPO 还使用自己的分类体系 FI/F-Term（FT），该分类体系也是目前最细的专利分类体系。

FI 分类是基于 IPC 分类的细分类，在某些技术领域对 IPC 分类进行了扩展。虽然 FI 分类和 EC 分类都是对 IPC 的细分，但是 FI 与 EC 在内容上是有很大的差别的，其完全是根据日本专利申请的特点为日本专利文献量身订制的，所以检索日本专利文献时，使用 FI 能大大提高检索效率；需要注意的是，FI 中点级高低与其分类等级高低之间的关系与 IPC、EC 中不是完全一致。

FT 是 "File Forming Terms" 的简写形式，该分类号并无主副之分，是专为计算机检索而设立的技术术语索引，目的是提高检索效率；FT 从技术的多个侧面或技术角度，如发明目的、用途、构造、技能、材料、控制手段等进一步细分，从而构成了对一项专利技术的立体分类。

此外，JPO 对 STN 检索以及商业数据库的检索比较重视。

（4）检索总结

FI/F-Term（FT）是日本特许厅的内部分类体系，主要对其自身的专利文献进行分类，很少对日本以外的文献进行 FT 分类，且 FT 细分也没有覆盖所有技术主题。基于日本特许厅在检索时的上述特点，在对日本 PCT 申请进行相关补充检索时，需要注意以下 3 点：a. 着重检索中文文献和英文文献，其中应着重 S 系统的使用；b. 着重检索非 JP 的公开文献；c. 应注意 IPC、ECLA、UC 分类号的使用。

2. 特定主题的检索方法与总结

基于《生物技术领域三方检索指导手册》对美、日、欧三局生物技术领域常见技术主题的检索方法与策略进行研究，以表格形式整理了美、日、欧三局有针对性的检索思路以及其所涉及的数据库、检索工具等，具体涉及蛋白、多核苷酸、抗体、表达系统、基因扩增方法、检测方法等技术主题，并从检索系统、数据资源、序列检索、关键词检索、分类号检索等层面进行分析总结，以利于我局审查员更好地参考他局的具体检索方法和结果（见表 2-2-2~表 2-2-6）。

表 2-2-2 蛋白（多肽）

对象		JPO	EPO	USPTO	总 结
蛋白	序列检索	1. 较长的序列：In-Agency DNA 检索系统。 2. 短序列或包含特定氨基酸的序列：在 REGISTRY (STN) 中检索。	1. BLAST：EBI 平台，NCBI 或 STN。 2. 序列 <4aa，通过 STN-Express 检索。 3. 序列为 4~8aa，通过 EPO-EBI 界面的 Gene-IT 检索。 4. 序列≥9aa，EBI 的 FASTA。 5. 检索突变体或部分限定的序列，通过 REGISTRY 检索。 6. 如果要限定所检索序列间隔的长度，通过 EBI 平台。 7. 如果限定最小同源性的百分比，使用 GenomeQuest 片段检索引擎。 8. 信号肽序列或共有结构域为特征的多肽：使用 EBI 的 Interproscan 工具。	1. 检索所针对的数据库为：A-Geneseq, PIR 和 UniProt。 2. 检索工具：ABSS。	借鉴 EPO 的检索策略，按序列大小选择不同的检索工具。 1. 序列 <4aa，通过 STN-Express 检索。 2. 序列为 4~8aa，通过 EPO-EBI 界面的 Gene-IT 检索。 3. 序列（9aa，EBI 的 FASTA。 4. 信号肽序列或共有结构域为特征的多肽：使用 EBI 的 Interproscan 工具。 5. 检索序列的通用工具为 Blast, Fasta，检索主要在 EBI 和 NCBI 平台上完成。 6. 可以参考 USPTO 的经验，选择检索 UniProt, Geneseq 和 PIR。
	关键词检索	1. 使用 WPI, BIOSIS (STN)、MEDLINE(STN) 和 JdreamII 交叉检索。 2. 族数据库检索：主题数据库 4B024 和 4B050 和 4H045。 3. 电子期刊检索（El-sevier，生物相关网站）。 4. 多肽的关键词：在 CA (STN) 中通过表明蛋白功能的关键词进行检索。	1. EPO-EBI 平台。 2. 关键词还包括：人藏登记号 (accession numbers)，专利申请号和 MEDLINE 人藏登记号（MEDLINE accession numbers）等。	1. 美国专利：检索授权和公开的申请（PGPubs）。 2. 外国专利：检索德温特世界专利索引，EPO 摘要，FPAS3，JPO 摘要和 JPO 工业产权数字图书馆。 3. NPL 文献：检索 Biosis, CAOLD, Caplus, Dissertation Abstracts Online, Dissertations and Theses - 全文数据库，EMBASE，MEDLINE，REGISTRY，德温特生物技术资源，Inside Conferences；STNinternational，DIA-LOG，LexisNexis?，Questel * Orbit。	1. 检索的数据库包括： (1) 专利数据库：WPI, EPODOC, PAJ, 德温特世界专利库，JPO 工业产权数字图书馆等。 (2) 非专利：BIOSIS, EMBASE, MEDLINE, ScientDirect 等相关网站。 2. 可以在 EPO-EBI 平台检索关键词，检索结果为专利文献。 3. STN 的使用。
	分类号	使用 ECLA 分类和 ICO 码进行检索。	使用 ECLA 分类和 ICO 码进行检索。	通常不进行 IPC 检索。	使用 ECLA 分类和 ICO 码进行检索。

表 2-2-3　多核苷酸

对象		JPO	EPO	USPTO	总结
多核苷酸	序列检索	1. 全长序列：In-Agency DNA 检索系统。 2. 短序列或特定序列：在 REGISTRY（STN'）中检索。	1. 常用 BLAST 序列：EBI、NCBI 或 STN。 2. 序列＜20bp，通过 EBI 平台的 Gene-IT。 3. 序列≤50bp，使用 Registry 检索。 4. 限定了部分序列或突变体可通过 Registry 检索。 5. 常用 FASTA 核酸检索覆盖 EMBL 和 GeneSeq。如果需要，EMBL 的各种子数据库能够专门地包括或者不包括于其中用于检索。	1. 常用的数据库：DGEBE、GenBank、iHOP 和 NCBI。 2. 检索工具：ABSS。	借鉴 EPO 的检索策略，按序列的大小而选择不同的检索工具。 1. 通用检索序列的工具为 Blast、Fasta，检索序列的数据库主要为 EBI 和 NCBI 平台。 2. 序列＜20bp，通过 EBI 平台的 Gene-IT。 3. 序列≤50bp，使用 Registry（STN 检索工具）。
	关键词检索	1. 使用 WPI、BIOSIS（STN）和 MEDLINE、JDreamII 交叉检索。 2. 使用主题码 4B024 和 4B050 4H045 中的族数据库检索。 3. 使用电子期刊（Elsevier，生物相关网站）进行检索。 4. 在 CA（STN）中通过表达有关核酸功能的关键词进行检索。	1. EPO-EBI 平台。 2. 详见上面蛋白关键词检索部分。此外，核酸的特定作用和功能可以通过关键词过滤，例如反义核酸、核酶、探针、引物、启动子、干扰 RNA 等。	1. 美国专利文献的检索 PGPubs；工具为 EAST/WEST。 2. 外国专利文献的检索及数据库：德温特专利索引；EPO 专利摘要数据库；EPO esp@cenet；JPO 专利摘要数据库；JPO 工业产权数字图书馆。 3. 非专利文献的检索及数据库：CA（Dialog、STN、BIOSIS Previews；CA（Dialog、STN、Questel Orbit）；CAOLD（STN coverge 1907-1966）CAplus；EMBASE；MEDLINE；REGISTRY；NCBI；ScienceDirect。	1. 数据库包括： （1）专利数据库：WPI、EPODOC、PAJ、德温特专利索引、JPO 工业产权数字图书馆等。 （2）非专利数据库：BIOSIS、EMBASE、MEDLINE、ScienceDirect、Elsevier 相关网站等。 2. 在 EPO-EBI 平台检索关键词。 3. 用 STN 检索平台检索 CA 系列的数据库。
	分类号	不进行 IPC 检索。	使用 ECLA 分类和 ICO 码进行检索。	通常不进行 IPC 检索。	使用 ECLA 分类和 ICO 码进行检索。

表 2-2-4 抗体

对象		JPO	EPO	USPTO	总结
抗体	关键词检索	1. 使用 WPI（STN）、BIOSIS（STN）和 MEDLINE（STN）、JDreamII 进行交叉检索。 2. 使用主题码 4B024、4B050 和 4H045 中的族数据库检索。 3. 使用电子期刊（Elsevier，生物相关网站）进行检索。 4. 抗原蛋白的部分氨基酸序列突变时，在 CA（STN）中使用表达抗原蛋白可能功能的关键词进行更多关键词检索。	1. 在所有可得到的摘要数据库（WPI、EPODOC、MEDLINE、BIOSIS、EMBASE）以及其他信息资源（技术手册、产品目录等）中进行关键词检索。 2. 针对发明人/申请人进行检索。 3. 使用多种组合/字符串，在全文数据库中进行检索。 4. 由于关键词具有同义词，或者由于关键词的"非特异性"，因而产生背景噪声，经常存在于特征的方法作为对技术作出贡献的组合/顺序中。	抗体的代表性检索模板，参见 http://www.uspto.gov/web/patents/searchtemplates/class530-386.htm。	1. 数据库包括： （1）所有能够得到的专利摘要数据库 WPI、EPODOC、PAJ 等。 （2）非专利数据库：BIOSIS、MEDLINE、EMBASE、ScienceDirect、Elsevier 相关网站等。 2. 针对发明人/申请人进行检索。 3. 注意关键词的组合/顺序。
	序列检索	1. 使用 In-Agency DNA 检索系统进行氨基酸序列的同源检索。 2. 突变的氨基酸序列或限定了部分序列：在 REGISTRY（STN）。	1. 检索序列：序列数据库包括 EBI、STN Registry、DGENE、PCTGEN。 2. 在 STN on the web 可以检索最长 2000 个肽/核苷酸的序列。		通用检索序列的工具为 Blast、Fasta，检索的数据库主要为 EBI 和 NCBI 平台。
	分类号检索	1. 使用 IPC 进行检索。 2. IPC 分类号： C12P 21/08，C07K 16/00 等。	1. 使用 ECLA 和 ICO 码共同检索。 2. ECLA 分类，C07K16/00～46D。C07K16/00 被细分为 3 个大组： （1）C07K16/00A～16/10N1，涉及抗体来源； （2）C07K16/12～16/44，涉及特异性的抗原； （3）C07K16/46，涉及杂合免疫球蛋白。		1. 使用 ECLA 和 ICO 码共同检索。 （1）C07K16/00A～16/10N1，涉及抗体来源； （2）C07K16/12～16/44，涉及特异性的抗原； （3）C07K16/46，涉及杂合免疫球蛋白。 2. 使用 IPC 分类号进行检索： C12P 21/08，C07K 16/00 等。

表 2-2-5 表达系统

对象		JPO	EPO	USPTO	总结
表达系统	关键词检索	1. 使用族数据库检索日文专利说明书。 2. 使用 JDreamII 检索日文非专利文献。 3. 在 BIOSIS、WPI、MEDLINE、电子期刊（Elsevier、生物相关网站）中检索非日文专利和非专利文献。	1. 在所有可得到的相关摘要数据库（WPI, EPODOC\MEDLINE, BIOSIS, EMBASE）中进行检索。 2. 注重关键词的组合/顺序。	表达系统的代表性检索模板：参见 http://www.uspto.gov/web/patents/searchtemplates/class435-069_1.htm	1. 数据库包括： （1）专利数据库：WPI, EPODOC, PAJ 等。 （2）非专利数据库：BIOSIS, MEDLINE, EMBASE, ScienceDirect, Elsevier 相关网站等。 2. 注意关键词的组合/顺序。
	序列检索	1. 短序列，使用 REGISTRY (STN) 进行检索。 2. 长序列，In-Agency DNA 检索系统。	1. 基于结构特征的检索策略：EBI, REGISTRY (STN), DGENE, PCTGEN。		通用检索序列的工具为 Blast, Fasta，检索的数据库主要为 EBI 和 NCBI 平台。
	分类号检索	使用 ECLA 分类（C12N15/63～90）进行检索。	使用 ECLA 和 ICO 码共同检索。 （1）C12N15/63～15/69：根据重组表达的基因和载体本身分类； （2）C12N15/70～15/78：原核表达系统；C12N15/79～15/869：真核表达系统。		使用 ECLA 和 ICO 码共同检索。 （1）C12N15/63～15/69：根据重组表达的基因和载体制备本身分类； （2）C12N15/70～15/78：原核表达系统；C12N15/79～15/869：真核表达系统。

第二章　生物技术领域的专利文献检索　　53

表2-2-6　基因扩增方法、检测方法

对象		JPO	EPO	USPTO	总　结
基因扩增方法、检测方法	关键词检索	1. JPO主页的"核酸的扩增和检测"的相关资料。 2. 关键词检索，数据库包括BIOSIS（STN、DIALOG）、WPI、MEDLINE（STN）、JDreamII、电子期刊（Elsevier、生物网站）、族数据库	1. 检索所有可得到的相关摘要数据库（WPI、EPODOC、MEDLINE、BIOSIS、EMBASE）。 2. 检索全文数据库。 3. 注重对关键词的组合/顺序中。	用于扩增方法的代表性检索模板：参见http：//www.uspto.gov/web/patents/searchtemplates/class435-091_1.htm； DNA检测方法的代表性检索模板，参见http：//www.uspto.gov/web/patents/searchtemplates/class435-003.htm。	1. 数据库包括， （1）专利数据库：WPI、EPODOC、PAJ、全文数据库等； （2）非专利数据库：BIOSIS、MEDLINE、EMBASE、ScienceDirect、Elsevier相关网站等。 2. 注意关键词的组合/顺序。
	序列检索		序列检索：EBI、STN REGISTRY、DGENE、PCTGEN。		Blast、Fasta，检索的数据库主要为EBI和NCBI平台。
	分类号检索	使用ECLA分类（C12Q1/68~70）进行检索。	EPO建立了功能和应用指向的分类系统，包括在ECLA分类号C12Q1/68~70。 C12Q1/68被细分为两个大组：方法组（C12Q1/68~68E、C12Q1/68P）和分析物/探针组（C12Q1/68M+）。 C12Q1/70组涉及核酸分析方法，特别涉及病毒或噬菌体的核酸分析方法。		使用ECLA和ICO码进行检索。 （1）C12Q1/68；C12Q1/68~68E、C12Q1/68P，方法组；C12Q1/68M+：分析物/探针组； （2）C12Q1/70组涉及核酸分析方法。

第三章　生物技术领域的非专利文献检索

生物技术领域的非专利文献数据资源众多，并且非专利文献检索系统的发展非常迅速，非专利文献检索是生物技术领域专利审查工作中不可或缺的一部分，在某种程度上，其重要性甚至超过专利文献检索。这一点从欧专局统计的 2007 年生物领域的对比文献中非专利文献比率高达 63% 中即可见一斑。因此，对生物技术领域不同非专利文献检索资源的高效利用非常有助于提高生物技术领域文献检索的质量和效率。

第一节　常用非专利信息资源介绍

一、全文数据库

全文数据库作为一次文献的直接来源，其优势更多地体现在获取全文信息方面，而检索功能相对弱化，不适合作为开展全面检索的首选资源，以下将对各全文数据库的检索模式作简要介绍。

（一）ScienceDirect

通过网址 http：//www.sipo.gov.cn/nonpatent 访问我局外网的非专利信息资源浏览界面，选择"Elsevier Science Direct"即可进入数据库的基本检索模式，可选择在全部字段、作者、标题等对应的搜索框内输入多个关键词或短语进行检索。

高级检索的进入方法为单击基本检索模式搜索框右侧的"Advanced search"，即可进入高级检索页面，其上还提供了切换至专家检索模式的快速链接"Expert search"，这两种检索模式均可对期刊、图书、影像文献类型进行分类检索，并具有更加丰富的搜索设置，可帮助使用者缩小检索范围，适合进行更加准确而复杂的检索。

（二）SpringerLink

通过网址 http：//www.sipo.gov.cn/nonpatent 访问我局外网的非专利信息资源浏览界面，选择"SpringerLink"即可进入数据库的基本检索模式，在检索框内直接输入多个关键词或短语进行检索，还可从作者/编者、出版物名称等字段对搜索进行限定。

单击基本检索模式搜索框右侧的"Advanced search"即出现高级检索下拉框，可将检索范围限定在全文、标题和/或摘要中，并提供期刊、图书、标准文献的分类检索。

（三）Wiley Online Library

通过网址 http：//www.sipo.gov.cn/nonpatent 访问我局外网的非专利信息资源浏览

界面，选择"Wiley Online Library"即可进入数据库的基本检索模式，在检索框内直接输入多个关键词或短语在全部内容或出版物名称范围内进行检索，单击基本检索框下侧的"Advanced search"，即可进入高级检索页面，其上提供了更多检索字段和时间限定。

（四）Highwire

通过网址 http：//highwire.stanford.edu 即可访问 Highwire 的简单搜索页面，在检索框内直接输入多个关键词或短语进行检索，单击基本检索框下侧的"more search options"，可进行更复杂的检索设置，包括检索字段、数据来源、时间跨度及文献类型。

二、文摘数据库

文摘数据库通过对一次文献进行整理加工形成了更为规范化的二次文献集合，相对全文数据库，文摘数据库收录的文献量更大，检索功能更强，更适合作为对文献资源进行全面、有效检索的平台，以下对3大主要的文摘数据库的检索模式进行介绍。

（一）PubMed

通过网址 http：//www.ncbi.nlm.nih.gov/sites/entrez？db=pubmed 即可直接进入美国国家生物信息中心的主要文献检索系统 PubMed 的基本检索界面，在检索框内直接输入多个关键词或短语进行检索，关键词可以是作者姓名或杂志名等，单击检索框上侧的"limits"可对检索文献的类型、语言、主题、年代等作进一步限定。单击"limits"旁边的"Advanced search"可进入高级检索界面，在检索框内直接输入完整的检索式或通过检索框下"Search Builder"提供的检索字段逐步构建复杂的检索式，并可进一步通过"Search Builder"下的"Search History"构建检索式间的逻辑组配。

（二）EMBASE

通过网址 http：//www.sipo.gov.cn/nonpatent 访问我局外网的非专利信息资源浏览界面，选择 Embase 即可进入该数据库的快速检索模式，在检索框内可直接输入多个关键词或短语进行检索，通过勾选检索框下的"Extensive search"还可实现对关键词的扩展检索，其他可用的检索模式还包括高级检索、药物检索、疾病检索和文章检索，均可通过检索框上部的链接进行切换。另外，在显示检索结果的界面下端，还提供了进入搜索引擎 Scirus 搜索整个网络的链接。

（三）ISI Web of Knowledge

通过网址 http：//www.sipo.gov.cn/nonpatent 访问我局外网的非专利信息资源浏览界面，选择"ISI Web of Knowledge"即可进入 ISI 跨库检索界面，其上提供了多个检索字段的输入框，方便使用者进行各个字段的组合检索，单击所有数据库下方的"检索历史"可实现检索式之间的逻辑组配，还可通过单击页面上方"选择一个数据库"进行单个数据库的选择。

三、学术搜索引擎

学术搜索引擎作为专业的学术资源搜索工具，具有信息涵盖广、反应速度快、重复率低、学术性强等特点，能搜索互联网上约 40% 的网页，其中包括数据库商或开放获取的期刊网站、网络免费的学术资源、机构网站、个人博客以及灰色资料网站等，因而利用这类资源能够更为全面、快速地获取某一特定领域中的学术信息，满足检索人员实现全面检索的需求，以下将会对两大主要的学术搜索引擎的搜索模式加以介绍。

（一）Google Scholar

通过网址 http：//scholar.google.com 可直接到达简单搜索页面，在该页面中，仅包括输入框、"学术高级搜索"、"学术搜索设置"和 Google Scholar 英文版入口，在搜索框输入合适的搜索词或短语，按回车键或单击搜索按钮即可实现搜索，单击"学术高级搜索"即可进入 Google Scholar 的高级搜索页面，"学术搜索设置"能够针对使用者各自的特点，如搜索语言及结果数量等进行设置。

（二）Scirus

通过访问 Scirus 主页 http：//www.scirus.com 即可进入基本检索模式，可在搜索框输入合适的搜索词或短语进行检索，单击搜索框上部的"Advanced search"便可进入高级检索页面，通过对检索文献的类型、来源、主题、时间范围等作进一步限定，帮助使用者实现更为精确的检索。

四、其他网站资源

图书和学位论文作为信息量大、专业性强、受众广且利用率高的文献载体，在非专利资源中占据一席之地，对于这类资源的搜索，除了可以借助搜索引擎外，大部分付费资源需要通过下述相关网站进行检索。

（一）图书资源

（1）读秀：通过网址 http：//www.sipo.gov.cn/nonpatent 访问我局外网的非专利信息资源浏览界面，选择"读秀学术搜索"进入该数据库的知识搜索模块，单击检索框上方的"图书"切换到图书检索模块后，在搜索框内直接输入多个关键词或短语即可进行检索，检索范围可限定在全部字段、书名、作者和主题词；搜索框下方还提供了"读秀中文搜索"和"百链外文搜索"两种选择，可分别用于搜索中文和外文图书，单击搜索框右侧的"高级检索"，可进一步对出版社、ISBN、分类、年代进行限定。

（2）Google 图书：通过网址 http：//Books.google.com 进入 Google 图书的检索页面，在搜索框内输入检索词，单击"搜索图书"即可进行简单搜索；单击搜索框下侧的"高级图书搜索"，可对搜索结果、搜索范围、搜索内容、图书语言、图书名称、作者、出版商等进行限定。

（3）超星图书馆：直接通过内网链接 http：//10.1.10.4：8080/markbook/GetIndex.jsp 即可进入超星图书馆的快速检索页面，在搜索框内输入检索词后可在书名、作者和主题词范围内进行检索,单击搜索框上部的"高级检索"即可进入高级检索页面,提供了以上3个检索字段的组合检索以及出版年代限定,可对排序方式和显示记录数量进行选择。[1]

(二)学术论文资源

(1) CNKI 学位论文数据库:通过网址 http://www.sipo.gov.cn/nonpatent 访问我局外网的非专利信息资源浏览界面,选择"CNKI 系列数据库新平台"并进入 CNKI 的选库列表,单击"中国博士学位论文全文数据库"或"中国硕士学位论文全文数据库"即可分别进入相应的学位论文数据库的标准检索模式,通过选择相应字段并在检索框内输入关键词或短语即可搜索其中收录的自 1984 年至今的博/硕士学位论文,还可切换至快速、专业、科研基金、句子检索模式。

(2) 万方学位论文数据库:通过网址 http://www.sipo.gov.cn/nonpatent 访问我局外网的非专利信息资源浏览界面,选择"万方数据资源系统"即可进入该数据库的基本检索模式,在检索框内输入关键词或短语进行检索,单击搜索框右侧的"高级检索"即可进入高级检索页面,可进一步对作者、期刊、文献类型、出版日期、引用次数进行限定,还可将检索范围限定在标题、关键词、摘要或全文中,此外该页面中还提供了经典和专业两种检索模式。

(3) NDLTD 学位论文数据库:通过网址 http://www.ndltd.org/find 即可进入 NDLTD 学位论文数据库的搜索界面,单击"SCIRUS ETD Search"即可进入由 Scirus 搜索模式,检索设置类似于 Scirus 的高级检索模式,通过选择相应字段并在检索框内输入关键词或短语即可搜索由该数据平台共享的来自全球 170 多家图书馆、7 个图书馆联盟、20 多个专业研究,提供的学位论文文摘数据库 7 万条,可以链接到的论文全文大约有 3 万篇。其他学位论文资源网站可参见表 3-1-2。

---

[1] 其他图书资源网站可参见表 3-1-1。

表 3-1-1 图书资源获取网站的汇总

数据库	网址	收录资源	检索字段	扩展功能	检索语言	提供信息	获取方式
读秀	http://sipo.gov.cn/nonpatent/ http://www.duxiu.com	200万册中文电子图书全文，260万种中文书目信息，800家国内图书馆MARC信息，2700万条中文期刊数据，6亿页资料，2亿条目次，每年以十几万种新书递增	书名、作者、主题词、出版社、ISBN、分类、年代	支持全文、二次检索、书内检索	中英	书目信息，17页正文，馆藏信息，网上书店，其他相关信息等	部分图书可直接查看全文，其他可依靠"文献传递"方式获取全文。支持有限页的保存下载
Google图书	http://Books.google.com http://Books.google.cn	大量教科书、书籍、专业书籍、工具书、学位论文、会议论文集等。但中文图书收录较少	书名、作者、关键词、出版商、出版日期、ISBN、ISSN	支持全文、二次检索、书内检索	中英/日/法等	书目信息，部分全文，馆藏信息，和在线购买链接等其他相关信息	在线阅读。不支持下载和打印
超星科技数字图书馆	http://10.1.10.4:8080/markbook/GetIndex.jsp	2008年以前出版的60万种eReference图书	书名、作者、主题词	支持二次检索，不支持书内检索	中	全文、书目信息	可在线阅读支持超星格式全文下载和打印
Springer Link	http://sipo.gov.cn/nonpatent/ www.SpringerLink.com	43 604种图书，1205种丛书，189种eReference，22 735条Protocol	书名、作者、关键词、出版商、出版日期、ISBN、ISSN、DOI	支持二次检索、书内检索	英	书目信息，部分全文	部分全文可在线阅读和pdf全文下载
Science Direct	http://sipo.gov.cn/nonpatent/ www.ScienceDirect.com	10500种图书	书名、作者、摘要、关键词、出版商、出版日期、ISBN、ISSN	支持二次检索	英	全文、书目信息	Pdf全文下载
Wiley Interscience	http://sipo.gov.cn/nonpatent/ http://onlinelibrary.wiley.com	9804种图书，25种丛书	书名、作者、摘要、关键词、出版商、出版日期、ISBN、ISSN、DOI	支持二次检索	英	全文、书目信息、引文	Pdf全文下载
Biotechnology Abstrcts	http://sipo.gov.cn/nonpatent/ http://ovidsp.tx.ovid.com/sp-3.3.1a/ovidweb.cgi	1000余种生物医学领域电子书	关键词	支持全文检索和书内检索。不支持二次检索	英	书目信息，全文	可在线阅读，打印，支持文本全文下载

表 3-1-2 各国学位论文获取网网站的汇总

数据库	网址	收录资源	检索字段	扩展功能	检索语言	获取方式	备注
CNKI中国硕士学位论文全文数据库	http://acad.cnki.net/Kns55/brief/result.aspx?dbPrefix=CDFD	自1984年至今的硕/博士学位论文	发表时间、学位单位、作者、关键词等	支持二次检索和中英文扩展检索	中/英	Pdf/Caj全文下载	提供论文集的出版时间
万方学位论文检索	http://g.wanfangdata.com.cn/	收录自1980年以来我国自然科学领域各高等院校、研究所以及博士后研究所共计136万余篇。其中211高校论文收录量占总量的70%以上，论文总量达110余万篇，每年增加约20万篇	标题、作者、单位、摘要、关键词	支持二次检索	中/英	Pdf全文下载	不提供具体的公开日期
读秀学位论文检索	http://www.duxiu.com/	来源于CNKI、万方文或其他来源的中外硕/博士论文400万条	标题、作者、授予单位、关键词	支持二次检索	中/英	单击检索结果右侧国家知识产权局专利库（CNKI包库）或（万方包库）	还提供相似文档下载和文献互助功能，检索词在原文中高亮显示，并可选取文字
国家科技图书文献中心国家科技数字图书馆	http://beta.nstl.gov.cn/NSTL/facade/search/searchByDocType.do?subDocTypes=D01,D02&name_chi=论文	来源于中国科学文献科学情报中心、科学信息研究所、化工信息中心、科学技术信息研究所等单位馆藏	题名、导师、作者、关键词、学位、培养单位等	支持二次检索	中	不支持全文下载	提供书目信息

续表

数据库	网址	收录资源	检索字段	扩展功能	检索语言	获取方式	备注
中国国家数字图书馆电子学位论文	http://res4.nlc.gov.cn/home/index.trs?channelid=3	国家图书馆收藏的近19万种博士论文及部分院校的硕士学位论文，台湾博士学位论文和部分海外华人华侨学位论文	题名、作者等、导师、专业、关键词、授予单位	支持二次检索	中	仅供浏览前24页	
清华大学学位论文中心服务系统	http://etd.calis.edu.cn	收录自1995年至今的30万条	摘要、作者、题名、学校、关键词等	支持二次检索	中	需要登录账户	提供答辩日期
中山大学图书馆	http://library.sysu.edu.cn/web/guest/lwjs	收录1980年以来馆藏硕/博论文	题名、导师、作者、学位、关键词等	支持二次检索	中	电子版全文不公开，部分提供免费前16页的原文	提供中英文摘要
台湾联合大学博、硕士论文全文影像检索系统	http://etd.lib.nctu.edu.tw/cgi-bin/gs/gsweb.cgi?o=dallcdr	收录1962年以来4所大学部分论文全文，目前有91 292条信息	题名、导师、作者、学校、关键词等	支持全文检索	繁体中文	提供部分全文	
香港大学	http://sunzi1.lib.hku.hk/hkuto/index.jsp	收录自1941年至今香港大学18 537篇学位论文信息	作者、标题、主题、关键词等	不支持全文、二次检索	英	提供部分pdf全文下载	需要填写获取全文的目的等信息

续表

数据库	网址	收录资源	检索字段	扩展功能	检索语言	获取方式	备注
香港科技大学	http://lbxml.ust.hk/th/main.html	收录自2002年以来香港科技大学部分学位论文	作者、标题、主题、摘要	不支持全文、二次检索	英	Pdf全文下载	香港科技大学
AiritiLibrary-CETD电子学位论文	http://www.cetd.com.tw/ec/	整合合台湾重要大学和部分内地大学的硕士/博士论文，113 993条书目信息，78 357篇全文	作者、标题、主题、摘要	不支持全文、二次检索	英	提供付费全文下载	可直接简体中文检索，浏览内容包括中英文摘要、参考文献
ProQuest	http://pqdt.calis.edu.cn	收录自1861年之后来自欧美国家2000多所知名大学的论文/博士论文共有25 434篇，每年增加4.5万篇论文摘要	作者、标题、摘要、学校、导师、来源	支持全文、二次检索，支持逻辑算符、邻近算符和截词符	英	受IP限制无法获取全文	全文下载功能目前无法使用，可查看基本信息
NDLTD	http://www.ndltd.org/find	全球170多家图书馆联盟，7个图书馆、20多个专业研究所提供的学位论文摘要数据7万多条，论文全文3万篇	作者、标题、摘要、出版单位、关键词	支持全文、二次检索	英文	提供部分全文下载	采用Scirus的搜索技术
OAI博、硕士论文联邦查询系统	http://fededt.mis.nsysu.edu.tw/FED-db/cgi-bin/FED-search/search_s	收录全球OAI介面所提供的硕/博士论文，并提供超连接至其他单位取得全文和其他更详细信息，目前共有312 182篇论文	作者、标题、摘要、单位名称、关键词	不支持全文、二次检索	繁体中文、英	部分显示有全文可供下载	全文下载功能目前无法使用

续表

数据库	网址	收录资源	检索字段	扩展功能	检索语言	获取方式	备注
MIT Theses	http://dspace.mit.edu/handle/1721.1/7582	收录麻省理工大学自1800年至今1.5万篇学位论文题录，自2004年以来的硕/博士论文几乎全部收录	作者、标题、摘要、导师、关键词	支持全文、二次检索	英	提供部分全文下载	
Virginia Polytechnic Institute and State University 学位论文库	http://scholar.lib.vt.edu/theses/browse/	收录自1995年以后维吉尼亚技术研究所的6000多篇硕/博士论文题录和摘要	作者、关键词、日期等	支持全文、数值检索，支持逻辑算符、截词符和Google搜索操作符	英	提供多数全文的访问或下载	标记"vt"的论文不能访问全文
Texas Digital Library	http://repositories.tdl.org/handle/2249.1/1	收录自2002年至今Texas的4所大学的学位论文	作者、标题、摘要、关键词	不支持全文、二次检索	英	提供全文下载	
DiVA Academic Archive On-line	http://www.diva-portal.org/smash/search.jsf?rvn=5	收录北欧17所大学的学位论文	作者、标题、关键词、单位	支持全文检索	英	提供部分全文	
ETH 学位论文库	http://e-collection.ethbib.ethz.ch/search.php	收录1999年以来的部分瑞士学位论文	作者、标题、关键词、出版者	支持全文检索，高亮显示	英	提供部分pdf全文下载	

第二节 生物技术领域在常用非专利信息资源中的一般要素表达

一、基本检索语法

在上述非专利信息资源检索系统中进行关键词检索时，通常需要利用逻辑算符、位置算符以及系统规定的其他组配连接符来完成检索式的基本表达，在不同的检索系统中，逻辑算符、通配符/截词符的表现形式会略有不同，更多的差别则是体现在位置算符的配置以及逻辑组配和二次检索的功能方面。表3-2-1总结了以上全文数据库、文摘数据库以及学术搜索引擎的检索算符配置和基本检索功能。

表3-2-1 生物领域常用非专利信息资源的基本检索语法

名 称	逻辑算符/短语输入/优先算符	通配符/截词符	位置算符	逻辑组配	二次检索
ScienceDirect	AND，OR，NOT，" "	*，?	W/nPRE/n	不支持	支持
SpringerLink	AND，OR，NOT	*	Near	不支持	支持
Wiley-Blackwell	AND，OR，NOT，" "，( )	*	Near/X	不支持	不支持
Highwire	AND，OR，NOT，" "，( )	*	不支持	不支持	不支持
PubMed	AND，OR，NOT，" "，( )	*	With/Near	支持	不支持
EMBASE	AND，OR，NOT，' '	*，?	*n（n≤5）	支持	不支持
ISI	AND，OR，NOT，" "，( )	*，?，MYM	SAME	支持	支持
Google Scholar	AND/空格，OR/（，-，" "	不支持	不支持	不支持	不支持
Scirus	AND，OR，NOT，" "	*，?	不支持	不支持	支持

二、高级检索功能

运用基本的检索式表达虽然可以达到初步检索文献的目的，但通常会出现检索结果量过大、筛选困难等问题，为了提高检索的准确性，可尝试利用文摘数据库提供的主题词表和学术搜索引擎提供的特殊算符对检索词作进一步限定，从而实现更为高效和准确的检索。

1. 自动匹配和转换功能

PubMed提供的MeSH主题词表用于建立期刊文献的主体标引，能帮助检索者确定准确的检索范围，从而可以将自由词转换成相应的MeSH主题词进行相关性更高的检索，此外，利用 PubMed 中的刊名转化表、短语列表以及著者索引还可实现对期刊名称、词组和作者的自动匹配和转换功能。

Embase 提供的主题词表 EMTREE 是一个由 15 个分支组成的等级排列的受控词表，与 MeSH 采用的倒置语序不同，EMTREE 中为自然语序，其中包括 5.6 万多个医学叙词和药学主题词，以及 2 万多个 MeSH 词，并收录了大量同义词，利用该词表可以实现对自由词、药物名称、疾病名称的自动转换，从而帮助检索者精确地检索到该主题下某一类和几类分支的相关文献。

2. 特殊算符

（1）强制或排除式搜索

在 Google Scholar 或 Scirus 中进行搜索时，对于可能会被忽略的常用字词和字符以及某些单个数字和单个字母，可在搜索词前使用"＋"符号，将这些字词强加于搜索项，如搜索化学符号：＋As，相反地，可通过在搜索词前使用"－"符号来排除一些特定词。

（2）数值范围搜索

利用 Google 算符".."可对某一数值范围或数值进行检索，如搜索 70～90 之间数值范围，便可以表示为"70..90"。

（3）同义词搜索

在搜索词前使用"～"符号，就会在 Google Scholar 中搜索得到所有包括这个词以及合适近义词的页面，且对英文关键词的扩展效果相较于中文关键词更为明显。

（4）限定性搜索

"author:"在 Google Scholar 中搜索某一作者的相关文献时使用，注意对作者的姓名进行扩展，英文名称存在全称、简写以及名在前姓在后、名在后姓在前等多种表达方式；该算符在 Scirus 中表示为"au:"。

"intitle:"对网页的标题进行搜索，用法类似 inurl，可用来对文章标题或专利发明名称进行检索，该算符在 Scirus 中表示为"ti:"。

"site:"仅在 Google Scholar 中使用，表示搜索结果局限于某个具体网站或域名，如 www.sciencedirect.com，或某个域名，如".edu"、".edu.cn"，注意：其中 site 语法为小写，大写 SITE 不能被识别。

"filetype:"仅在 Google Scholar 中用于限定搜索的文献类型，如.pdf、.doc、.ppt、.xls等，进行搜索可限定为 filetype：pdf OR filetype：doc OR filetype：ppt。

"jo:"仅在 Scirus 中使用，表示期刊检索。

"ke:"仅在 Scirus 中使用，表示关键词检索。

第三节　生物技术领域在常用非专利信息资源中的检索策略

一、优选检索模式

1. 综合性能对比

由于各个检索系统在文献收录上各有侧重，因而在检索过程中可互为补充，并且在检索功能方面，文摘数据库和学术搜索引擎也各具特色，文摘数据库的更新频率快并具有完善的主题词表，而学术搜索引擎，特别是 Google Scholar 覆盖的网络资源广泛且提供全文检索功能，因此，将这两类检索系统结合起来使用，将获得更为全面和准确的检索结果，表 3-3-1 中分别比较了 PubMed、ISI、Google Scholar（表中简写为"GS"）和 Embase 在收录范围、信息来源、更新频率、文献类型、链接功能等方面的特点。

表 3-3-1 四大优选数据库的综合比较

特征	PubMed（更新快,词表全）	ISI（引文强,类型多）	GS（反应快,检索全）	Embase（针对强,全文多）
开创日期	1997	2004	2004	2003
收录期刊	6000	8700	未提供数据	7000
时间范围	1950 年至今	1900 年至今	无限制	1966 年至今
信息来源	Medline PubMed Central Other NLM DB	SCI, BP, DII Medline FSTA	PubMed, OCLC	Medline, EMbase
引文	-	+	+	+
专利	-	+	+	+
链接	相关文献 部分全文	部分全文 被引文献 相关文献	被引文献，相关文献，网页，图书馆，专利	多数全文 被引文献
更新	每天	每周	每月	每天
推荐	☆☆☆☆	☆☆☆☆	☆☆☆	☆☆☆

2. 可选检索模式

根据上述各个检索系统的特点，在不同的检索阶段选择不同的检索系统，以最大化的发挥其各自优势，提高检索效率，同时在整个检索过程中结合优势互补的各个数据库，以扬长避短，确保全面检索，实现兼顾检全率和查准率的检索模式。

1）初步检索阶段的可选策略

根据专利申请涉及的具体技术领域，针对性地选择涵盖相关领域文献的检索资源；如涉及农业、食品领域的案例，在初步检索阶段推荐将 ISI 检索平台作为优选数据库，利用其跨库检索多个生物相关领域数据库的功能实现交叉领域文献的全面检索。

【案例 3-3-1】

案情简介：

权利要求 1：一种鱿鱼皮胶原蛋白活性肽的制备方法，其特征在于……。

检索过程：数据库的选择：PubMed 和 ISI；关键词的确定：Collagen and (Squid skin)。

检索结果比较：

（1）PubMed：未检到相关文献。

（2）ISI：主题字段下跨库检索到合适的对比文件，该文献发表在 *J Sci Food Agric*。

结果分析：

J Sci Food Agric 是一种涉及农业科学领域的期刊，收录在 ISI 中的 CABI 数据库中，而 PubMed 中对这类期刊数据的收录不全，这篇对比文件就不在它的收录范围之内。

2）补充检索阶段的可选策略

在补充检索阶段可选择 Google Scholar 作为获取其他非正规出版物的途径，并且 Google Scholar 的全文搜索功能有助于对发明细节进行补充检索。

【案例 3-3-2】

案情简介：

权利要求 1：一种制备富含高不饱和脂肪酸的磷脂酰丝氨酸的工艺，其特征是先将反应釜加热至 30~60℃，向反应釜中加入鱿鱼卵磷脂和 L-丝氨酸，两者的质量比为 1:1-15，并加入磷脂酶 D 2-15U/g 反应底物，之后密闭反应釜，泵入 R134a 气体使反应釜压力达到 4~6MPa，……

检索过程：

数据库的选择：PubMed、ISI 和 Google Scholar；关键词的确定：phosphatidylserine and R134a。

检索结果比较：

(1) PubMed：未检索到相关文献。

(2) ISI：只检索到本申请。

(3) Google Scholar：检索到合适的对比文件，其收录在中国科技论文在线的博士论文库中，属于非正规出版物，但在中国科技论文在线的网站上可下载到包括论文集封面（标明了公开时间）在内的全文文件。

结果分析：

GS 涵盖了极为广泛的网络资源，使其在获取期刊之外的非正规出版物方面具有其他数据检索系统无法比拟的优势。

二、追踪检索策略

1. 作者追踪

与检索专利文献类似，在检索初期一般应首先考虑在"作者"检索字段下追踪申请人或发明人发表的相关非专利文献，即使文献发表时间在申请日之后往往亦有参考价值：一方面可从在后发表的论文中提取检索需要的关键词；另一方面论文引用的参考文献亦有可能成为 X/Y 文献。

1）发明相关人员追踪

由于高校或研究所的申请往往会借鉴同领域其他人的研究成果，并常常是由一批人共同完成，因而，除了追踪申请人/发明人本人发表的相关文献外，还应积极考虑与申请人/发明人存在紧密关联的研究人员发表的文献，如共同作者、合作研究者、致谢人员等。

需要注意的是，不同数据库或搜索引擎中对作者姓名的英文拼写存在多种表达方式，例如"汤小欧"，其英文拼写形式可能有"Tang Xiaoou"、"Tang Xiao-ou"、"Tang X. o"、

"Tang X."、"Xiaoou Tang"、"Xiao - ou Tang"、"X, o Tang"、"X. o Tang"、"X. O. Tang"、"O. X Tang"、"O. X. Tang"等,因而,在各个数据库中应尝试采用多种不同的姓名拼写形式对作者进行追踪检索。

2) 单位/机构追踪

对于某些由科研课题衍生出来的专利申请,由于参与课题组或研发团队的人员众多,在发明人一栏可能只列出了部分贡献较大的人员,从而导致发明人和文章作者的姓名并不一定相同,因此,以发明所属单位/机构或发明人所属单位/机构为检索对象,有时会有意外收获。

3) 网页信息追踪

对于高校或研究院所的申请,其主要发明人一般在高校内或研究院所内具有较高级别,在该高校或研究院所的网站上可能会拥有自己的主页,而这些主页上通常会列举其取得的成果,包括发表的论文、会议报告或申请的专利等,追踪这些成果往往可以获得有用的信息。

对于所属单位是公司的,可以考虑检索该公司的主页信息,以及追踪相同行业的其他公司,尤其是这些公司的产品目录、使用手册、相关的技术支持链接,该申请有可能被公司产品的使用说明公开或者处于使用公开的状态,下面结合案例 3 - 3 - 3 进行进一步说明。

【案例 3 - 3 - 3】

案情简介:

权利要求 1:一种蜡样芽孢杆菌特异性显色生化快速检测试剂盒,其特征在于含有:显色培养基基础成分、培养基增补剂、抗生素溶液、样品稀释液。

检索过程:

首先,在多个非专利数据库中对发明人进行追踪检索,找到一篇由多位发明人联合发表的文章"应用显色培养基检测食品中蜡样芽孢杆菌的初步研究",虽然其公开日在申请日之后,但从这篇文章的作者所属单位中发现,作为发明人之一的"张淑红"不仅在广东省微生物研究所(本申请的申请人)工作,同时还是广东环凯微生物科技有限公司的成员,而广东环凯是国内主要做各种微生物检测培养基的龙头企业。根据这一信息,从广东环凯主页上找到了相关产品,但无法确定其具体的公开时间,继而转到 GOOGLE 中利用关键词 "bacillus cereus glucosidase" 查找同行其他公司的类似产品,在英国著名的培养基公司 OXOID 产品目录中找到文件 C,其中详细公开了与本申请非常接近的技术方案,虽然也没有提供公开时间,但在其参考文献中发现了该公司之前出版过的内容与文件 C 相同的用户使用手册: The Oxoid manual (1998) 8th edition, 其出版时间早于本申请的申请日,因而可作为 X 类文献用于评述权利要求 1 的创造性。

2. 引文追踪

1) 参考文献追踪

对于检索过程中获得的公开时间在后的中间文件,应重点关注其参考文献,其中很有可能存在与申请内容相关且在时间上可用的对比文件,下面结合案例进行进一步说明。

【案例3-3-4】

案情简介：

权利要求1：一种天然抗菌剂鸭β-防御素2重组蛋白的制备方法，其特征在于：(1) 根据已发表的禽β防御素基因序列设计特异性引物……(2) 采用RT-PCR方法从鸭胰腺组织中扩增鸭AvBD2基因并克隆到pMD-T载体上……(3) 亚克隆鸭AvBD2基因到原核表达载体pGEX-6p-1中……(4) 表达蛋白……(5) 纯化蛋白并测定抗菌作用及理化特性……

检索过程：

从序列结构入手检索到鸭β-防御素2已被D1公开，但D1所述制备方法与本申请有所不同，同时还获得了发明人在申请日后发表的与本申请内容相同的文章A，通过浏览文章A的参考文献，发现其中引用了申请人以前发表的一篇文章B，其中记载了与本申请基本相同的制备方法，因而可以作为Y类文件与D1结合评创造性。

2) 系列文献追踪

由于许多国内外的大公司会联合高校或研究院所进行一系列技术或产品的研发和生产，对在后技术或产品的改进往往是建立在之前相关技术的基础上，国内外公司多倾向于申请一系列的专利来获取保护并占有资源，而参与的高校或研究院所在申请专利的同时还会倾向于将一些他们认为可以公开的内容写成技术应用文章，或是用于推广的技术报道，因而对于联合申请，尤其是国外公司和国内高校或研究院所的共同申请，应特别关注追踪共同申请人先后发表的系列文章或在论文中提及的系列申请，下面结合案例进行进一步说明。

【案例3-3-5】

案情简介：

权利要求1：一种用可挥发氨烷基硅胶合成羟基多肽类化合物的固相合成方法，步骤(1)~(4)为制备氨烷基硅胶；步骤(5)~(8)为逐个增加氨基酸直至合成五肽化合物。

检索过程：

首先在Gogle中输入"硅胶-固相合成载体"即可检索到与本申请内容相同的文献A，该文献就是本申请发明人之一的a在申请日后发表的毕业论文，但从文献A的参考文献中发现了一篇专利文献B，其作者是另一位发明人b和发明人a的导师c，该专利文献B就是这两位作者在本申请之前就相关技术内容向美国提出的系列申请。

三、综述查找策略

1. 查找途径

1) 一般综述的查找

外文综述可以通过Web of Science、Pubmed、Google scholar以及综述性刊物数据库查找，生物医药领域综述性期刊数据库包括Annual Review系列、Current Opinion系列、Trends系列、Nature Reviews系列等。

中文综述可利用中国学术期刊光盘数据库（CNKI）、中国生物医学文献期刊光盘数据库（CBM）和中文生物医学文献期刊光盘数据库（CMCC）三大中文数据库以及 Google scholar 进行查找，检索式中可加入"进展"、"现状"、"前瞻"、"展望"、"回顾"、"综述"等具有综述特征的词，在自由词、关键词或篇名字段中进行检索。

此外，《科学评论索引》(ISR)、Index Medicus（美国《医学索引》）、Biological Abstract（美国《生物学文摘》）、Chemical Abstract（美国《化学文摘》）等也有专门的综述文献检索的入口。

2) 系统综述（循证医学系统综述）的查找

一般而言，通过以下相关数据库：Cochrane library (CL)、Evidence Based Medicine Reviews (EBMR，循证医学评价)、Centre for Reviews and Dissemination Database (CRDD，评价与传播中心数据库)、Clinical Evidence (CE，临床证据)、National Institutes of Health consensus statements and Technology Assessment Statements (NIHCS&TAS 美国国立卫生研究院卫生技术评估与评价数据库)、Pubmed 或通过以下相关期刊：Evidence based Medicine (EBM，循证医学杂志)、ACP Journal Club (美国医师学会杂志俱乐部)、Bandolier、Evidence based Health Care (循证卫生保健)、Evidence Based Nursing、Journal Club on the Web 均可查找到相关的系统综述。

2. 检索案例

对于涉及交叉学科或新兴技术领域的专利申请，通过查找相关的综述文献，不仅能帮助审查员快速了解该领域的技术背景和发展现状，而且其中提供的大量参考文献成为获取有用信息的最佳来源，下面结合案例对需要检索综述文献的情况加以说明。

【案例 3-3-6】

案情简介：

申请人答复"一通"，修改后的权利要求 1：融合多肽，包括由磷脂酰肌醇-3-激酶的调节亚基 p55PIK 中氨基端 25 个氨基酸残基（N25）组成的多肽，其序列为：(MDRDD ADWREVMMPYSTELIFYIEM) 和衍生于 HIV 病毒 tat 蛋白的多肽，其序列为：(YGRKKRRQRRR)。

分析：

申请人提交了上述权利要求 1 具备创造性的意见陈述，主要在于 Tat 与 N25 连接后在体内、外并不一定能够发挥理想的生物学效果，纯化的 TAT-N25 多肽能否抑制细胞生长是不可预计的、需要试验证实的，本申请的融合多肽 TAT-N25 能有效地在体内外抑制肿瘤生长，因此本申请具备创造性。

检索过程：

对比文件 A 公开了衍生于 HIV 病毒 tat 蛋白的多肽 YGRKKRRQRRR 并公开了其作为穿膜肽的应用；对比文件 B 公开了 N25 多肽，序列与权利要求 1 中的完全相同。这两篇对比文件结合可以评述修改后的权利要求 1 的创造性。进一步，在 CNKI 中输入 HIV、Tat，可以获得综述文件 C。将该综述文献 C 作为证据，证明衍生于 HIV 病毒 tat 蛋白的多肽可以将多种外源性的生物学分子如多肽、蛋白质带入细胞核膜并能够使生物学分子保持固有的生物学活性，这是可以预料的，申请人将 N25 与 TAT 连接后发现 N25 确实可以保持其已有的效果，仅仅是将现有技术加以验证而已。因此，这篇综述文献 C 在此处作为证据增强了创造性说理的说服力度。

提示：由于综述类文献通常是由某一领域的研究专家对某一研究方向作出的全面总结和客观评价，具有一定的权威性和高度的概括性的特点。综述文献对于具有共性规律的事物属性和事物特征的描述对于某种技术效果的可预期性或某种技术效果出现的高度盖然性具有某种程度的教示作用。因而在需要引入现有技术作为说理依据时，可尝试检索相关领域的综述文献作为有力佐证。

【案例 3-3-7】

案情简介：

权利要求 1：一种低频高幅叠加高频低幅载荷用于培养物培养的方法，是在生物反应器内进行，其特征在于：包括具备 5% CO_2 和 37 度温度调节的细胞培养箱及灌流等条件，将培养物固定于培养室底板，其具体过程如下……

分析：

本申请涉及组织工程中对于骨组织等的体外培养，通过模拟体内的生理力学环境，采用不同的力学刺激优化培养物的结构和功能。本申请的发明点在于使培养物被施加压低频高幅叠加高频低幅载荷（通过检索之后确定）。本申请专业领域涉及组织工程培养和生物力学领域，还涉及生物反应器，涉及多个专业领域，跨度较大。权利要求 1 较长，可选关键词较多，难以确定检索要素。

检索过程：通过阅读权利要求书和说明书，以及相关领域综述，充分理解本发明，判断低频高幅叠加高频低幅的载荷为本申请的发明点，但是该关键词较长，并且难以确定关键词。事实上，初步使用关键词检索，结果文献量很少，也没有发现对比文件。从检索发明人发表的文章入手，其发表的一篇综述文献 A 中详细论述了各种力学载荷对组织细胞体外培养的影响，在其论述交变载荷的内容中找到参考文献，进一步对该参考文献作者进行追踪检索得到对比文件 B。其中描述了采用低频高幅叠加宽频低幅载荷体外三维培养 M3T3-E1 细胞的方法。

提示：生物技术领域学科众多、发展迅速且常常与其他学科交叉，经常会出现一些较难理解的申请文件。因此，检索中，综述检索往往成为解相关现有技术的首选检索方式。检索实践中，一方面，对综述文献的检索，一般需要以与其他检索方式如关键词检索与追踪检索相结合的方式进行，从而实现互为补充的高效检索。另一方面，综述检索实际上也常常隐含于常规的关键词检索、分类号检索以及追踪检索之中，潜移默化中为最终达成检索目的发挥作用。

第四章 生物技术领域特定主题的检索

第一节 生物序列的检索

一、生物序列检索的常用数据库

生物序列检索的常用数据库有：
（1）美国国家生物技术信息中心（NCBI）的 GenBank；
（2）欧洲生物信息研究所（EBI）的 EMBL；
（3）日本国立遗传学研究所（NIG）的 DDBJ；
（4）美国化学文摘社（CAS）、德国卡尔斯鲁厄专业情报中心（FIZ-K）和日本科技情报中心（JICST）合作开发的 STN；
（5）中国国家知识产权局（SIPO）的中国专利生物序列检索系统。

1. GenBank

GenBank（http://www.ncbi.nlm.nih.gov/genbank）是由 NCBI 维护的开放存取的核酸序列数据库。常用于在 GenBank 中进行生物序列检索的工具是 BLAST（http://blast.ncbi.nlm.nih.gov/Blast.cgi，简称 NCBI/BLAST），它是一组在蛋白质数据库或核酸数据库中进行相似性比较的分析工具，其程序（参见表4-1-1）基于匹配短序列片段，用一种强有力的统计模型来确定未知序列与数据库序列的最佳局部联配，从而迅速与公开数据库进行相似性序列比较。在 GenBank 中进行生物序列检索时，可参照表4-1-2和表4-1-3选用合适的核酸或蛋白质序列查询程序。

表4-1-1 NCBI/BLAST 中常用的程序

程　序	数据库	查　询	简　述
blastp	蛋白质	蛋白质	可能找到具有远源进化关系的匹配序列
blastn	核酸	核酸	适合寻找分值较高的匹配，不适合远源关系
blastx	蛋白质	核酸（翻译）	适合新 DNA 序列和 EST 序列的分析
tblastn	核酸（翻译）	蛋白质	适合寻找数据库中尚未标注的编码区
tblastx	核酸（翻译）	核酸（翻译）	适合分析 EST 序列

表 4-1-2　核酸序列查询程序选择

长　度	数据库	目　的	程　序
大于 20bp（blast）大于 28bp（megablast）	核酸	查找相同序列	discontiguous megablast；megablast；blastn
		查找相似序列	discontiguous megablast；blastn
		从 Trace archive（GenBank 中原始数据，未进行标引）中查找相似序列	Trace megablast；Trace discontiguous megablast
		在翻译数据库中查找查询序列翻译的相似蛋白	Translated BLAST（tblastx）
	肽	在蛋白质数据库中查找查询序列翻译的相似蛋白	Translated BLAST（blastx）
7~20bp	核酸	查找引物结合位点或短的连续基序	Search for short, nearly exact matches

注：上述程序入口均可从以下链接中的表 3.1 中进入：http：//blast.ncbi.nlm.nih.gov/Blast.cgi?CMD=Web&PAGE_TYPE=BlastDocs&DOC_TYPE=ProgSelectionGuide。

表 4-1-3　蛋白质序列查询程序选择

长　度	数据库	目　的	程　序
大于 15 个氨基酸	肽	查找相同或相似蛋白质序列	blastp
		查找蛋白质家族	PSI-BLAST
		以给定的模式查询相似蛋白质	PHI-BLAST
		查找查询蛋白质序列中的保守区	CD-search（RPS-BLAST）
		查找查询蛋白质序列中的保守区以及具有相似区域结构的其他蛋白质	Conserved Domain Architecture Retrieval Tool（CDART）
	核酸	在翻译的核酸数据库中查找相似蛋白质	tblastn
5~15 个氨基酸	肽	查找肽基序	Search for short, nearly exact matches

注：上述程序入口均可从以下链接中的表 3.2 中进入：http：//blast.ncbi.nlm.nih.gov/Blast.cgi?CMD=Web&PAGE_TYPE=BlastDocs&DOC_TYPE=ProgSelectionGuide。

NCBI/BLAST 对序列格式的要求是常见的 FASTA 格式。FASTA 格式第一行是描述行，第一个字符必须是">"字符；随后的行是序列本身，一般每行序列不要超过 80 个字符，回车符不会影响程序对序列连续性的识别。序列由标准的 IUB/IUPAC 氨基酸和核苷酸代码代表；小写字符会全部转换成大写；单个"-"号代表不明长度的空位；在氨基酸序列里允许出现"U"和"*"号；数字应该被去掉或换成字母（如，不明核酸用"N"，不明氨基酸用"X"）。此外，还可以使用简并/兼并序列进行检索，具体可参见本节第二部分中"简并/兼并序列检索"的内容。

2. EMBL（The European Molecular Biology Laboratory）

EMBL 核酸序列数据库（http://www.ebi.ac.uk）是由 EBI 维护的欧洲最重要的核酸序列资源。在 EMBL 中进行序列检索与分析的常用工具如下。

1）WU-BLAST

WU-BLAST（http://www.ebi.ac.uk/Tools/sss/wublast，简称 EBI/WU-BLAST）是由华盛顿大学开发的 BLAST 2.0，其目的在于以最少的时间，以敏感度损失最少的方式找到合适的比对序列。其比对速度慢于 NCBI/BLAST，敏感度高于 NCBI/BLAST，另外 NCBI/BLAST 不能比对低于 7 个字长的序列。

2）FASTA

FASTA（http://www.ebi.ac.uk/Tools/sss/fasta）算法是由 Lipman 和 Pearson 于 1985 年发表的（Lipman 和 Pearson，1985）。FASTA 的基本思路是识别与待查序列相匹配的很短的序列片段（k-tuple）。FASTA 是用 DNA 序列检索核苷酸序列，用氨基酸序列检索蛋白质库。TFASTAX/TFASTAY 将 DNA 序列及其互补的序列通过 6 种读码框翻译成不同的氨基酸序列检索蛋白质库。

3）PSI-Search（Position-Specific Iterated Search）

PSI-Search（http://www.ebi.ac.uk/Tools/sss/psisearch）的基本思路在于根据最初的搜索结果，依照预先定义的相似性阈值将序列分成不同的组，构建一个位点特异性的序列谱，并通过多次迭代不断改进这一序列谱以提高搜索的敏感度。有研究表明这种方法可以有效地找到很多序列差异较大而结构功能相似的相关蛋白。该程序可以对数据库进行多轮循环检索，每一轮的检索速度都大约是 BLAST 的两倍，但每一轮都能提高检索的敏感性，它是目前 BLAST 程序家族中敏感性最高的成员。其缺点在于运算复杂，重复序列对结果有干扰等。

4）SSEARCH

SSEARCH（http://www.ebi.ac.uk/Tools/services/web/toolform.ebi?tool=fasta&program=ssearch&context=protein）程序采用严格 Smith-Waterman 算法进行相似性检索，适用于高精细的检索，但运行速度非常慢。

3. DDBJ（DNA Bank of Japan）

日本 DNA 数据库 DDBJ（http://www.ddbj.nig.ac.jp/ssearches-e.html）是世界三大 DNA 数据库之一，与 NCBI 的 Genbank 和 EBI 的 EMBL 数据库共同组成国际核苷酸序列数据库。其提供 FASTA、BLAST、PSI-BLSAT-SSEARCH 等多种检索程序，各检索程序与 NCBI 和 EMBL 中类似。另外，还提供了一个用于基序检索的程序 HMMPFAM。2010 年 3 月 31 日后仅提供 BLAST 检索服务功能。

4. STN（The Scientific and Technical Information-Network）

STN（http://stnweb.cas.org）是世界著名的国际联机检索系统，其核酸数据库主要涉及 CAS REGISTRY、DGENE、USGENE 和 PCTGEN。使用 STN 可以访问许多科学数据库，运用相同类型的命令和检索策略，在数据库间链接信息。使用者可以通过 REGISTRY

BLAST 进行相似检索，并通过基因的 CAS Registry Number 链接到 CAplus 和其他数据库，获得文献。使用者还可以在 CAS REGISTRYSM 数据库中进行基因代码比对（SCM），其中 SCM 检索类型有精确检索（/SQEN 或/SQEP）、家族序列检索（/SQFP）、获得精确的结果加上嵌入更长序列中的序列的亚序列检索（/SQSN 或/SQSP）以及亚家族序列检索（/SQSFP），结合 SCM 图形检索符号（见表 4-1-4），得到需要的序列。需要注意的是，在进行短序列检索时，推荐以下 BLAST 设置：蛋白质使用 E-value：20000，Word size：2，Matrix：PAM, 30，Gap cost：9 and 1；核酸使用 E-value：1000，Word size：7，Matrix：Leave as is，Gap cost：n/a。使用 SCM 比对需要注意的是输入的序列不宜过长，在 REGISTRY 中可以用单个（SEQ）或 3 个（SEQ3）字母代码显示氨基酸。

表 4-1-4 图形检索符号和特征

符　号	作　用	例　子	可能获得的结果
^	在序列的头部和尾部检索	^MCGIL/SQSP VCDS^/SQSFP	"MCGIL……………" "……………VCDS"
[ ]	指定可替代的残基	LGP［VL］/SQSP	LGPV LGPL
[-] or [~]	排除一个或多个残基	PTGK［-H］/SQSP PTGK［~H］/SQSP	PTGKACCD
{#, #} {# - #} {#}	重复前面的残基	GG（FL）{1, 3}/SQSP GG（FL）{1-3}/SQSP GG（FL）{3}/SQSP	GGFL GGFLFL GGFLFLFL
.	指定序列中的 gap（s）	SY.RPG/SQSP SY…RPG/SQSP	SYARPG SYAAARPG
|	指定可替代的残基	ACD｜KLM/SQSP	ACD KLM
		A（CD｜KL）M/SQSP	ACDM AKLM
?	重复残基零或一次	FLRR（RP）?K/SQSP	FLRRK FLRRRPK
*	重复残基零或多次	KLK（WD）*N/SQSP	KLKN KLKWDN KLKWDWDN KLKWDWDWDN

续表

符 号	作 用	例 子	可能获得的结果
+	重复残基一或多次	AQP+/SQSP	AQPP AQPPP AQPPPP AQPPPPP
		（AQP）+/SQSP	AQPAQP AQPAQPAQP AQPAQPAQPAQP AQPAQPAQPAQPAQP
&	将多个序列片段组合成一个序列	ACDKLM& KLKWDN/SQSP	ACDKLMKLKWDN

5. 中国专利生物序列检索系统

中国专利生物序列检索系统（http://10.1.1.47/blast_new/）提供了从国家知识产权局受理的专利申请文件中提取出来的生物序列。由于目前该系统与 GenBank、EMBL 和 DDBJ 没有实现数据交换，因此在检索上述国外序列数据库的同时，还需要在该系统中进行检索，具体操作如下：（1）首先选择要进行何种类型的检索，即核酸序列、核酸短序列、蛋白质序列或短肽序列；核酸序列与核酸短序列用 Blast 检索程序中的 blastn 程序，二者的区别在于 E 值的选择不同；蛋白质序列与短肽序列用 Blast 检索程序中的 blastp 程序，二者的区别在于 E 值与矩阵的选择不同。（2）选择要查询的序列数据库。（3）在文本框中按 FASTA 格式输入要查询的序列。（4）如果要将所输入序列的子序列作为查询序列，在"设定子序列"对应的两个文本框中分别输入子序列的起始位置；如果不输入数值，则采用默认值，所输入序列的全部作为查询序列。（5）在设定序列提交的时间范围中，输入起始的年月日与终止的年月日来限定序列的提交时间；如果日期的格式有错误或数值不正确，提交查询时程序会拒绝提交查询。（6）按"重设序列"按键可以将查询序列清空并将序列范围及序列提交时间范围参数恢复到默认值；按"设置检索程序参数"可以设置其他检索程序参数。（7）按"提交检索"按键提交查询。

二、生物序列的各种不同检索方法

1. 核苷酸序列的检索

对于核苷酸序列的检索，当要检索的序列大于 20bp 时，可采用中国专利生物序列检索系统（中国专利核酸序列库）的核酸序列检索程序，NCBI（nt、pat 及 est、gss、htgs、dbests、env_nt 库）的 discontiguous megablast、megablast（大于 28bp）或 blastn 程序以及 EBI（EMBL Release 库）的 WU-BLAST 和 FASTA 检索程序进行检索。

当检索的序列在 7~20bp 之间时，可采用中国专利生物序列检索系统（中国专利核酸序列库）的核酸短序列检索程序，NCBI（nt、pat 及 est、gss、htgs、dbests、env_nt 库）的 Search for short, nearly exact matches 程序，EBI（EMBL Release 库）提供的 WU-

BLAST 和 FASTA 检索程序以及 STN-Express（STN 系统提供的专门用于联机检索的软件）进行检索。

当检索的序列小于 7bp 时，建议使用 STN-Express 进行检索。

2. 氨基酸序列的检索

对于 15 个氨基酸残基以上的序列，可使用中国专利生物序列检索系统的蛋白质序列检索程序，NCBI（nr、pat 及 env_nr 库）的 blastp、PSI-BLAST 或 PHI-BLAST，EBI（UniProt Archive 库）的 WU-BLAST、FASTA、PSI-Search 或 SSEARCH 进行检索。

对于 5~15 个氨基酸残基序列的检索，可使用中国专利生物序列检索系统的短肽序列检索程序，NCBI（nr、pat 及 env_nr 库）的 Search for short, nearly exact matches 程序，EBI（UniProt Archive 库）的 FASTA、PSI-Search 和 SSEARCH 以及 STN-Express 进行检索。

5 个氨基酸残基以下的多肽可通过 STN-Express 检索其化学结构，可选的还有 crossfire Beilstein（世界上最大的关于有机化学信息汇编的数据库，由 Elsevier Information System GmbH 发行，数据内容包括化学物质结构、化学、物理、生物活性数据、反应信息以及相关的文献书目信息）。此外，对于短肽的检索，Google 也是一个不错的选择。

3. 核苷酸与氨基酸序列转换检索

在 NCBI/BLAST 检索程序中含有 blastx、tblastn 和 tblastx，其中 blastx 可用于在蛋白质库中检索核酸（翻译），适合新 DNA 序列和 EST 序列的分析，tblastn 可在核酸（翻译）库中查询蛋白质，适合寻找数据库中尚未标注的编码区，而 tblastx 可在核酸（翻译）库中查询核酸（翻译）适合分析 EST 序列。

4. 非全长序列检索

对于非全长序列检索，在 GenBank、EMBL 或 DDBJ 中可直接截取相应位置序列进行检索，对于不明长度的空位，可采用单个"-"号代表。在中国专利生物序列检索系统中，可设定子序列位置，设定需检索比对的局部序列。

5. 简并/兼并序列检索

对于核苷酸序列，简并/兼并代码请参见表 4-1-5，替换相应位置碱基进行序列检索即可。对于氨基酸序列，除了 20 种常见氨基酸的标准单字符标识之外，B 代表 Asp 或 Asn；U 代表硒代半胱氨酸；Z 代表 Glu 或 Gln；X 代表任意氨基酸；"＊"代表翻译结束标志。

表 4-1-5　核苷酸简并/兼并代码（IUPAC 码）

简并字母	含　义
R	G 或 A（嘌呤）
Y	T 或 C（嘧啶）
K	G 或 T（带酮基）
M	A 或 C（带氨基）
S	G 或 C
W	A 或 T
B	G、T 或 C

简并字母	含 义
D	G、A 或 T
H	A、C 或 T
V	G、C 或 A
N	A、G、C、T 中任意一种

6. 嵌合/融合序列检索

在 EMBL 用 FASTA 进行嵌合氨基酸片段检索，在序列输入框第一行输入符号 ">"，另起一行输入第一段序列，以逗号结尾，回车，另起一行，输入第二段序列，再次以逗号结尾，另起一行，输入第三段序列，以此类推。如：

>

SYWIS,

RIDPSDSYINYSPSFQG,

HGSDRCWGFDP

7. 基序或结构域检索

需要进行基序或结构域检索的情形有：① 直接给出了功能基序或是连接多肽或是共有序列，需要进行序列检索。例如申请号 01107201.6 的专利申请中权利要求 1 请求保护的 Motif ID NO：1～2 所示的基序，这些基序属 CD95 的结合多肽。② 小分子抗体、小分子多肽药物、与免疫和免疫细胞相关的多肽小分子、一些抗原蛋白分子的小的结合多肽，具有某种结合功能的小分子多肽，如锌指蛋白（可能为基序的连接多肽）等。③ 同源蛋白的蛋白结构域。

用于基序或结构域检索的常用关键词有：Motif（s）、loop、domain、α-loop-α、α-loop-β、β-loop-α、β-loop-β、β-loop-α-loop-β、β-α-β、α-αcorner、αhairpin、αhairpin、βhairpin、arch、基序、模序、模体、结合模型、超二级结构、α 螺旋、β 折叠、结构域、连接肽、连接多肽、连接短肽、分隔基序、结合基序、甘氨酸、α 拐角、α 发夹、β 发夹、拱型结构、保守序列、锌指蛋白等。

用于基序或结构域检索的数据库有：

（1）http：//www.ebi.ac.uk/Tools/ppsearch。

（2）http：//www.ncbi.nlm.nih.gov/sites/entrez? db = cdd。

（3）http：//motif.genome.jp/。

（4）CMR（微生物资源数据库，主要为原核生物）数据库：http：//cmr.jcvi.org/tigr-scripts/CMR/CmrHomePage.cgi，登录后有两种进入 Motif 检索的方式：

a. 单击 Genome Tools 进入页面 http：//cmr.jcvi.org/tigr-scripts/CMR/shared/Menu.cgi? menu = genome，在页面的中下部看到 Analysis Tools 中的 Protein Motif Search：Search all proteins in a genome for a given motif，单击进入即可。

b. 单击 Searches 进入页面 http：//cmr.jcvi.org/tigr-scripts/CMR/shared/Menu.cgi? menu = searches，在页面的中下部看到 Find Sequences 中的 Protein Motif Search：Search all proteins in a genome for a given motif 单击进入即可。

（5）http：//www.bioinf.manchester.ac.uk/dbbrowser/PRINTS/QuizPRINTSMT.php。

（6）生物健康数据：http：//www.biohealthbase.org/brc/home.do?decorator=BioHealthBase，该数据库包括5个子库，除了流感子库和篦麻毒素子库外，其他3个均可以进行基序检索。

（7）蛋白功能区数据库 http：//prodom.prabi.fr/prodom/current/html/home.php。

（8）http：//www.expasy.org/links.html。

（9）http：//pfam.sanger.ac.uk/searchJHJsearchBatchBlock。

（10）基序预测：http：//3motif.stanford.edu/。

（11）http：//myhits.isb-sib.ch/cgi-bin/motif_scan。

（12）检索分析：http：//smart.embl-heidelberg.de/smart/set_mode.cgi?NORMAL=1。

（13）植物数据库：http：//plantsp.genomics.purdue.edu/html/advanced_search.html。

8. 密码子优化的检索

对于密码子优化的检索，可以借助网站 http：//www.kazusa.or.jp/codon/index.html 所提供的密码子使用频度表（CUTG）的网络扩展版。对于其公开日期，目前只能有效界定到该网站首页所公开的 NCBI-GenBank 所发布的 Flat File 时间，即2007年6月15日。

9. 序列修订查询

当检索到的匹配序列的公开日晚于申请日时，可进一步核查该序列是否有更早公开的版本。在 GenBank 中可通过以下网址采用序列登记号直接查询序列公开日和版本：http：//www.ncbi.nlm.nih.gov/entrez/sutils/girevhist.cgi。在 EMBL 中可通过以下网址采用序列登记号直接查询序列公开日和版本：http：//www.ebi.ac.uk/cgi-bin/sva/sva.pl。

三、生物序列中特定主题的检索策略

1. 引物及探针的检索

在核酸化学中，引物是一段短的单链 RNA 或 DNA 片段，可结合在核酸链上与之互补的区域，其功能是作为核苷酸聚合作用的起始点，核酸聚合酶可由其3′端开始合成新的核酸链。体外人工设计的引物被广泛用于聚合酶链反应、测序和探针合成等。

1）常用数据库

推荐优先在 Genbank、EMBL、STN 等数据库中检索，然后在 DWPI、SIPOABS、CPRSABS 等专利数据库中检索。此外，还可以利用 Google 进行检索。

2）权利要求分析

包含引物序列的权利要求一般分为以下几类：① PCR 检测方法/检测试剂盒，如：一种对虾杆状病毒的 PCR 检测方法，包括 PCR 模版的制备，PCR 体外扩增及电泳检测，其特征在于 PCR 体外扩增中，在 PCR 扩增缓冲液体系中先加入 EcoRI 内切酶水解，水解后再加入合成的两段引物，引物序列如下：引物1：5'ACAATGTTCCGGTGGATACC 3'，引物2：5'TTCACCACTACTTTGAAGCG 3'。② 芯片/探针，如：一种用于志贺氏菌检测的悬浮芯片，包括诊断微球和固定在该诊断微球上的寡聚核苷酸探针，其特征是该寡聚核苷酸探针是志贺氏菌侵袭性质粒抗原 H 基因上的一段 DNA 序列，其序列为：5'-CGGAGATTGTTCCATGTGAGC-3'。③ 基因组测序/RACE，如：权利要求1所述狂犬病街毒株 HN10 全基因组序列扩增引物，其特征在于，所述扩增引物如 SEQ ID No. 2 至 SEQ ID No. 49 所示，共 24 个引物对。

3）检索策略

涉及引物或探针的权利要求，常与其扩增或检测对象同时出现，或者涉及某个基因/多态性位点、菌或病毒的检测方法。因此，可以首先将引物序列在 GenBank 中进行 blastn 检索，如果没有合适的结果，可进一步使用敏感性更高的 EMBL WU-BLAST 进行检索，最后可在 STN 或中国专利生物序列检索系统中进行检索。此外，也可以在 Google 中进行检索，同时结合万方、CNKI、ISI 等数据库以申请人或发明人为入口，检索申请人或发明人的发明或在先发表的文章。如上述检索未发现完全匹配的序列，则应以所述引物扩增对象基因的名称或登录号为关键词，结合分类号，在专利文献库及非专利文献库中检索涉及所述基因扩增/检测/杂交的相关文献。

（1）GenBank

在 GenBank 利用 Blastn 进行引物或探针检索常用的数据库有 nt（非冗余核酸数据库，包括 GenBank + EMBL + DDBJ + PDB 序列，但是不包括 EST、STS、GSS 或 HTGS 序列）和 Pat（包括 GenBank 专利子数据库中的核酸序列），由于上述两个子数据库包含的序列信息不重叠，因此最好对这两个子数据库均予以检索。

当引物序列长度大于 20bp，可直接用 blastn，此时默认程序为 megablast，E 值上限为 10。

当引物序列长度为 7~20bp，可使用"search for short, nearly exact matches"，在"Blastn programs search nucleotide databases using a nucleotide query"后，单击"more"，再在新页面表格 3.1 中，单击"search for short, nearly exact matches"。其与上述 megablast 程序的不同在于参数的设置，当选择"search for short, nearly exact matches"，其默认数据库自动选为 nr/nt，E 值上限为 1000，默认程序为"somewhat similar sequences（blastn）"。然而在 nr/nt 中噪声较多，常直接定位于引物对应的模板序列，因此还可在"Entrez Query"中具体输入 primer 或 probe 加以限定。

（2）EMBL

EMBL 数据库中可检索引物或探针的核酸数据库包括 EMBL-Bank（其包括子目录 EMBL Release、EMBL Updates、EMBL Coding Sequence、Others）、IMGT、HGV 和 Patent。对 EMBL 数据库的检索推荐使用 EBI/WU-BLAST，其中在起始页默认为仅对 EMBL Release 进行检索，在引物的检索中，可同时勾选 Others-EMBL Patent 及 Patents 数据库，该数据库默认 E 值上限为 10，检索灵敏度高，但由于包含的数据库多，速度较慢。FASTA 只对完全匹配的片段打分，因此灵敏度虽高，但速度非常慢，仅在搜索较短序列（如 10~15bp）且使用其他数据库和程序无理想结果时推荐尝试。

（3）中国专利生物序列检索系统

该系统中有专门针对引物或探针这类短核苷酸序列进行检索的入口。对于引物序列，由于其长度一般在 18~25bp，多数引物序列使用"核酸序列"或"核酸短序列"都可检出，但由于"核酸序列"设置的 E 值偏低，容易优先检索出匹配度较高的结果，因此在中国专利生物序列检索系统检索 nt 或 patnt 数据库时，优先使用"核酸序列"检索，如没有检索到理想结果，可再用"核酸短序列"，或手动设置 E 值，以获得更多检索结果。但需要注意的是，由于 nt 或 patnt 数据库更新的问题，并且在检索后无法直接链接到检索结果对应的登录号以查看更多详细信息，因此在该系统对 nt 或 patnt 数据库进行检索主要应注意上述缺陷。该系统推荐用于检索在中国专利数据库中是否有相同或类似申请。

(4) Google

Google 可检索的数据资源包括以 PatentStorm、WikiPatent 等为代表的专利文献数据库全文以及 ELSEVIER、PubMed 等常用的非专利文献数据库全文，涉及生物序列的数据库包括：Sanger 在线提供的 Pfam 数据库可见蛋白质族及其序列比对、UniProt、EcoliWiki、日本遗传研究院建立的序列检索数据库（SHIGEN）。由于所包含数据资源的差异，使用 Google 检索核酸序列不能代替使用 GenBank 或 EMBL 进行检索，但对于引物序列，尤其是小于 7bp 的短序列，在 GenBank 或 EMBL 难以进行有效检索的情况下，Google 检索不失为一个好的尝试。

① 分类号检索

引物或探针所涉及的 IPC 和 EC 分类号主要分布在 C12Q 1/68 [包括核酸的（酶或微生物）的测定或检验方法]。EC 对 C12Q 1/68 进行了非常详细的细分，如 C12Q1/68D4…直接对应于聚合酶链反应 PCR；C12Q1/68M..直接对应于杂交探针。

引物或探针所涉及的 FI 分类号主要集中于 C12Q1/68@ A。

引物或探针所涉及的 FT 分类号主要集中于 4B063。

② 关键词检索

由于引物或探针对应于其扩增或检测的对象，因此，扩增或检测主体的基因名称、登录号等常可作为有效的关键词。

③ 典型案例分析

【案例 4 – 1 – 1】

案情简介：

权利要求：戊型肝炎病毒的检测试剂盒，含有 4 条引物，所述 4 条引物的核苷酸序列如下：

序列 1：CCR GCR GTG GTT TCT GGG GTG

序列 2：TG GGM YTG GTC DCG CCA AG

序列 3：GG GYT GAT TCT CAG CCC TTC G

序列 4：GMY TGG TCD CGC CAA GHG G

检索过程：

该权利要求虽然以试剂盒的表现形式撰写，但根据说明书的记载，其实质上是通过将 GeneBank 中 HEV 基因进行比对，针对其保守区设计两对简并引物，建立巢式 PCR 方法，再以 HEV 特异引物进行 PCR 扩增，从而检测 HEV 病毒的存在。因此检索的思路在于：(1) 申请人为高校，其针对相关主题是否有在先论文；(2) GenBank 或 EMBL 数据库中，针对所述引物是否有可匹配的序列；(3) 专利或非专利文献数据库，使用关键词进行检索，是否能够发现针对 HEV 检测的相关申请。由于以关键词和分类号进行检索相对复杂，因此暂时将该策略置于次要位置。

检索模式 1：利用发明人进行检索

数据库：CNKI/万方

以第一发明人佘锐萍为关键词进行检索，得到约 200 个结果，再进一步加上关键词 HEV 缩小范围，得到 6 篇文献，其中一篇文献公开了用于检测猪 HEV 病毒的巢式 PCR 引物，与本申请中的引物仅两端碱基有个别不同，可尝试评价本申请的创造性，由该对比文件的引文，还可进一步追踪到另外一篇外文文献，也公开了与本申请类似的引物。

在 Google 中也可很方便地对发明人进行追踪，在第一发明人佘锐萍的主页上，列出了发明人发表文章/专利的列表，但由于数目繁多，打开每一篇去核对引物序列，略显烦琐。

检索模式 2：利用序列进行检索

① 数据库：GenBank

以其中的一条引物在 nt/pat 中进行 blastn 检索，用时平均为 15 秒，而在 nr/nt 子数据库中，由于该引物是针对 HEV 保守序列设计的简并引物，因此可得到大量结果，匹配度较高的结果主要定位于 HEV 基因组序列，因此进一步将 Entrez Query 限定为"primer"或"probe"，则能够得到与引物直接相关的文献：US7709626 和 JP-2007289195-A，均与检测 HEV 的引物直接相关，而且引物序列接近，可用来尝试评价本申请的创造性。在 pat 子数据库检索过程与上述过程类似，但无需进一步限定即可检索出上述两篇文献。

② 数据库：EMBL

EBI/WU-BLAST 比 NCBI/Blastn 敏感度略高，但速度较慢，执行与 NCBI/Blastn 相同的检索操作用时约 10 分钟，结果较为全面，因此，EBI/WU-BLAST 推荐作为 NCBI/Blastn 的一个补充，在使用 NCBI/Blastn 未能检索到合适的对比文件时，再尝试使用 EBI/WU-BLAST。

检索模式 3：以关键词结合分类号进行检索

① 数据库：CPRSABS：

(001)　　F KW 戊型肝炎病毒 + HEV ＜hits：199＞
(002)　　F KW 引物 + 探针 + PCR ＜hits：15604＞
(003)　　F IC C12Q00168 ＜hits：14300＞
(004)　　J 1 * 2 ＜hits：15＞
(005)　　J 1 * 3 ＜hits：14＞

得到的结果中有与戊型肝炎 PCR 检测的相关专利文献，但还需进一步核实引物序列。

② 数据库：SIPOABS/DWPI

SS 1：HEV or (hepatitis w E w virus)

SS 2：primer? or probe? or PCR or detect +

SS 3：/IC /EC C12Q 1/68

1 and (2 or 3)

但结果较多，难于一一浏览，因此可以使用最为相关的关键词，如 HEV and (nested w PCR)，或 HEV and PCR，得到 39 篇文献，其中 US2006228702、JP2007289、US6379891 均涉及 PCR 方法对 HEV 病毒进行检测，只需进一步核对引物序列即可。

③ 数据库：Google

在 Google 中输入 HEV nested PCR，可检索到用来评价本申请创造性的文献，并能够检索到 HEV PCR 检测试剂盒的说明书，但该说明书未公开具体序列。

结果分析：

通过以上分析可以看出，对涉及引物序列的权利要求，直接以序列入手进行检索未必是最快捷的方法，关键在于抓住发明点。比如，对于此案，主题为 HEV 检测试剂盒，如果简单地以 HEV 和"试剂盒"进行检索，则干扰结果很多，会出现很多免疫检测的结果，但实质上，本发明的核心是使用巢式 PCR 技术对 HEV 进行检测，因此 HEV 和"巢式 PCR"应该是最准确的关键词，如没有相关结果，可进一步扩展。

2. siRNA 的检索

小干扰 RNA（small interfering RNA，siRNA）是一种小 RNA 分子（19～25 核苷酸），由 Dicer（RNAase Ⅲ家族中对双链 RNA 具有特异性的酶）加工而成。siRNA 是 siRISC 的主要成员，激发与之互补的目标 mRNA 的沉默。

1）常用数据库

推荐优先在 CNKI、万方、PubMed、ISI Web of Knowledge 等非专利数据库中检索，然后在 DWPI、SIPOABS 和 CPRSABS 等专利数据库中检索。

2）权利要求分析

以 siRNA 为主题的权利要求主要以序列的形式表现，通常为 19～25bp 的核苷酸序列，有些会在 3'端增加 dT 后缀，如 ATACACCCGATCCTCTTGCdTdT。根据表现形式的不同，又可以分为以下几种情况：（1）以单链 RNA 限定，如：一种抗 SARS 病毒的 siRNA，是序列表中的 SEQ ID NO.1。（2）以靶序列进行限定，如：分离的流感病毒小分子干扰核糖核酸序列，其中，所述靶序列为 SEQ ID NO.1。（3）以单链序列限定并包含 loop，如：一种抑制 Stat3 基因表达的 siRNA，其碱基序列如下：5'–TCACATGCCACGTTGGTGTTCAAGAGACACCAACGTGGCATGTGACTTTTTT–3'（下划线部分为 loop）。（4）以正义链和反义链进行限定，如：一种针对 RMP 基因的 siRNA，其特征在于：所述 siRNA 的正义链序列为：5'GGAUUUGCUAGCUGAUAAAUU–3'，反义链为：5'UUUAUCAGCUAGCAAAUCCUU–3'。

3）检索策略

对于 siRNA 的检索，最为快捷的方式是以该 siRNA 对应的基因名称、登录号等，结合小干扰 RNA、小干扰核糖核酸分子、RNA 干涉、RNA 干扰、基因敲除、基因沉默、RNAi 等关键词进行检索。由于目前 NCBI 基因沉默资源库（http：//www.ncbi.nlm.nih.gov/projects/genome/rnai/）中收录较多的是人类基因和模式动植物的一些重要基因（尤其是基因功能已经被充分研究清楚的），其数据量相对较少，难以保证针对所有基因都能检索到对应的 siRNA，因此对于不常见的基因，对 NCBI 基因沉默资源库的检索不应作为重点。

对于 siRNA 序列可以直接进行检索，由于 siRNA 长度一般为 19～25 个核苷酸，因此可依据常规核苷酸序列的检索方法，以正链序列，或 siRNA 针对的靶序列在 GenBank、EMBL、中国专利生物序列检索系统等数据库中检索。注意在 GenBank 的检索中，除选择 nr、pat 数据库之外，针对 siRNA 的特点，还可选择 refseq rna 进行检索，以减少干扰。

对于用单链 RNA 限定的权利要求，可直接对单链进行检索；对于用靶序列限定的权利要求，可针对所述靶序列进行检索；对于同时用正义链和反义链进行限定的权利要求，可仅使用正义链进行检索。

(1) 分类号检索

在 IPC、EC、FI/FT 分类系统中，均没有直接与 siRNA 相关联的分类号，相对比较相关的是 IPC/EC 分类号 C12N 15/11（DNA 或 RNA 片段）及 C07H 21/02（以核糖基作为糖化物基团的核糖核酸）。

(2) 关键词检索

NCBI 基因沉默资源库可通过基因名称、登录号、物种、作者进行检索，但不支持使用序列直接检索。此外，直接在 Google、CRPSABS、SIPOABS、DWPI、CNKI 等数据库中，还可使用基因名称结合与 siRNA 相关的关键词，如：小干扰 RNA、小干扰核糖核酸分子、RNA 干涉、RNA 干扰、基因敲除、基因沉默、RNAi、基因消除、共抑制、抑制性 RNA、双链 RNA、特异性消除等进行检索。

(3) 典型案例分析

【案例 4 – 1 – 2】

案情简介：

权利要求：人类 SRP54 的 siRNA，其登录号为 Pr000032，序列为 GCAAGAGGATCGGGTGTAT 或 ATACACCCGATCCTCTTGC。

检索过程：

检索模式 1：利用登录号或 siRNA 的目标基因进行检索

在 NCBI 的 RNAi 数据库、Probe 数据库或直接在 NCBI 首页的检索框中输入登录号 Pr000032 或 siRNA 的目标基因 SRP54 均可检索到该 siRNA。

检索模式 2：利用序列进行检索

在 NCBI/BLAST Home 的 Specialized Blast 中没有专门针对 siRNA 的序列检索入口，因而利用 Blastn 进行检索；在数据库的选择上，由于 SiRNA 具有序列比较短的特点，因而选择 reference mRNA sequence（refseq rna）进行检索；得到较多的结果后，选取结果中较接近的转入探针数据库（probe links），以减少干扰，在该库中可以得到目标序列。

提示：目前 siRNA 的序列检索还比较烦琐，因而建议使用登录号或关键词进行检索，效率可能更高，序列检索可以作为一个补充。

3. SNP 的检索

SNP 是指在基因水平上单个核苷酸位置上存在转换、颠换、插入、缺失等变异而引起的 DNA 序列多态性。在基因组 DNA 中，任何碱基均有可能发生变异，因此 SNP 既有可能在基因编码序列内，也有可能在非编码序列上。

1) 常用数据库

推荐优先在 CNKI、万方、PubMed、ISI Web of Knowledge 等非专利数据库中检索，然后在 DWPI、SIPOABS 和 CPRSABS 等专利数据库中检索。此外，还应注意在以下 SNP 专用数据库中进行检索。

(1) dbSNP（http://www.ncbi.nlm.nih.gov/projects/SNP/）

该数据库的优点在于：操作简单；入口可以以多种形式进行检索，如登录号、基因名称、物种名称等；显示结果比较详细，包括该 SNP 位于哪个染色体、其所在基因的内含子、外显子等情况以及与其相关的其他 SNP 序列等；支持长序列检索（≥52bp）。其缺点在于：对序列的输入格式有一定的要求，如多态性位点要求用单个兼并字母表示，序列检索的结果不明确，需要仔细判断。

（2）HGVbase（http：//www.gwascentral.org/）

该数据库的优点在于：以 SNP 序列或非变异的序列进行检索，均可以得到结果，结果明确显示多态性位点，且结果显示该序列在 GenBank 与 dbSNP 的登录号。其缺点在于一个 SNP 序列分两个序列显示。

（3）JSNP（http：//snp.ims.u-tokyo.ac.jp/）

该数据库的优点在于：以突变的序列或兼并字母表示均可，大小写均可；结果高亮显示，突变处明显，并可用图示表示该 SNP 序列与其所在基因的位置关系；与 NCBI 直接联网。其缺点在于：主要以序列检索为主，未突变的序列检索不到结果，且不适合登录号或其他方式进入检索。

（4）Ensembl（http：//www.ensembl.org/index.html）

真核生物基因组数据库可进行 SNP 序列检索，优点在于：主要针对真核生物，结果分析较充分。其缺点在于：数据库较小，可能会漏检。

（5）UCSC（http：//genome.ucsc.edu/）

该数据库包含有人类、小鼠和大鼠等多个物种的基因组草图，并提供一系列的网页分析工具，优点在于：具有直观方便的图形界面和丰富的注释信息。其缺点在于：只适合手工浏览，不适合大规模处理。

（6）其他（相对较小或特殊性 SNP 数据库）

SNP 研究委员会提供的人类单倍型数据库（http：//hapmap.ncbi.nlm.nih.gov/）

人类基因突变数据库（HGMD）（http：//www.hgmd.org/）

Whitehead 生物医学研究所的人类 SNP 数据库（http：//www.broadinstitute.org/snp/human/index.html）

Gene SNPs Environmental Genome Project Database（http：//www.genome.utah.edu/genesnps/）

ALFRED 等位基因频率数据库（http：//alfred.med.yale.edu/alfred/index.asp）

OMIM 人类基因与表型数据库（http：//www.ncbi.nlm.nih.gov/omim）

水稻 SNP 数据库（http：//www.cerealsdb.uk.net/discover.htm）

2）权利要求分析

涉及 SNP 的权利要求的主要有以下几类：（1）通过登录号进行限定，如：一种与肿瘤易感性相关的端粒酶 TERT 基因，该基因的一单核苷酸多态性是 rs2736098。（2）通过序列进行限定，如：一种与肿瘤易感性相关的 TERT 基因上的单核苷酸多态性是 CCATCCGTGGGCCGCCAGCACCACGC［A/G］GGCCCCCCATCCACATCGCGGCCAC。（3）通过基因登录号和突变位置进行限定，如：一种钙蛋白酶抑制蛋白基因 1836 位 SNP 标记，其存在以下单核苷酸多态性：1836 位 C→T；其中，核苷酸位置编号基于 Genbank 索引号：M20160。（4）通过文字表述进行限定，如：分离的核酸，其包括 SEQ ID No.2 或者含有位置 8047、8077~8083、8500、9556 或 12002 的 SEQ ID No.2 的片段，但其在下述位置之一具有单多态性改变：在位置 9556 的 zag15，其中在此位置的 T 被 C 替代，在位置

8500 的 zag16，其中在此位置的 A 被 G 替代，在位置 8047 的 zag17，其中在此位置的 A 被 G 替代，在位置 8077～8083 的 zag_del，其中在这些位置的核酸发生缺失，在位置 12002 的 zag35，其中在此位置的 T 被 C 替代。

3）检索策略

（1）分类号检索

SNP 所涉及的 IPC 和 EC 分类号均主要集中在 C12Q 1/00 及以下各组，尤其是 C12Q 1/68；同时，C12N 1/00、C12P 19/00、C12N 15/00 等大组及以下各组也有所涉及。

（2）关键词检索

除了可以用单核苷酸多态性、点突变、SNP、SNPs、single nucleotide polymorphism、single nucleotide polymorphisms 等关键词检索 SNP 之外，由于 SNP 的命名规则不统一，同一个 SNP 往往存在多种不同命名，因此还可以用 SNP 的 dbSNP 命名（如 rs 号或 ss 号）、HGVS 命名、基因名、登录号和位置信息等进行检索。

通过 SNP 名称扩展关键词的方式有：

① 通过 dbSNP 命名获得 HGVS 命名：可通过 dbSNP 数据库获得，以 rs 号进行检索，得到的结果中含有 HGVS Names 项，表示 HGVS 命名。

② 通过 HGVS 命名获得 dbSNP 命名：可通过 dbSNP 数据库获得。例如，在 Search by IDs on All Assemblies 栏目中选择 HGVS names，检索 NG_009265.1：g.6077G＞A，可以得到其相应的 rs 号 rs2736098。

③ 根据 rs 号获得 ss 号：可通过 dbSNP 数据库获得。

④ 通过 GenBank 获得：在 NCBI/Nucleotide 中搜索 NG_009265.1，进入该核酸信息页面，在页面右侧的 All links from this record 栏目中，含有 SNP 这一选项，可以链接至所有相关 SNP，然后用浏览器的编辑➡查找功能查找 6077，可以得到相应的 rs2736098。

提示：通过显示设置使每页可显示的结果数尽可能多，有利于更快地找到目标 SNP。

⑤ 通过 dbSNP 命名或 HGVS 命名获得其他常见命名：

a. 利用专利、期刊数据库以及搜索引擎。

b. 根据 HGVS 命名，结合常见命名的特点，猜测可能的常见命名。例如，根据 NG_009265.1：g.6077G＞A，可能存在以下的常见命名：6077G＞A、6077G/A、G6077A、A6077、6077A；有时研究者并未确定祖先等位基因，因此可能写成以下命名：6077A＞G、6077A/G、A 6077G、G6077、6077G；有时研究者针对互补链进行命名，因此 G/A 型还可能被写为 C/T 型或 T/C 型。

（3）典型案例分析

【案例 4-1-3】

案情简介：

权利要求：一种与肿瘤易感性相关的 TERT 基因，其特征在于，所述的与肿瘤易感性相关的 TERT 基因上的单核苷酸多态性位点，通过 NCBI 数据库，按常规方法获得，该基因是序列长度为 41878bp 的 TERT 基因；该基因的一单核苷酸多态性是 rs2736098，rs2736098 位于 2 号外显子；rs2736098 碱基为 G 突变为 A；rs2736098 的 SNP 序列为：

CCATCCGTGGGCCGCCAGCACCACGC［A/G］GGCCCCCCATCCACATCGCGGCCAC。

检索过程：

检索模式1：利用登录号进行检索

在dbSNP或者JSNP数据库中以登录号rs2736098进行检索，可直接得到结果，并且从dbSNP的结果中可以直接链接到PubMed收录的涉及该SNP的文献；而在HGVbase数据库中以登录号rs2736098进行检索，没有得到期望的结果。由于rs登录号是由dbSNP所分配的，因此推荐在dbSNP数据库中检索。

检索模式2：利用序列进行检索

① 数据库：Genbank

在NCBI/BLAST主页下方的Specialized BLAST列表中，单击"Search using SNP flanks"可进入SNP序列检索界面，以FASTA格式输入含有SNP的>52bp的序列，则blast得到目标序列；以含有SNP的=52bp序列进行检索，其中SNP位点使用IUPAC码（见表4-1-5）表示，则得到的是SNP位点为G的序列；以含有SNP的=52bp序列进行检索，其中SNP位点使用A表示，则没有结果；以含有SNP的=52bp序列进行检索，其中SNP位点使用G表示，则可以得到目标序列。

提示：建议审查员在NCBI/BLAST中对SNP进行序列检索时，使用较长的SNP序列或多种形式进行检索，防止漏检。

② 数据库：EMBL

由EMBL的FASTA-SNP Similarity Search（http://www.ebi.ac.uk/Tools/snpfasta3）进入SNP序列检索数据库，以含有SNP的=52bp序列进行检索，其中SNP位点使用IUPAC码表示，则可得到SNP位点为A和G的两个序列，并且详细描述了等位基因位点以及该序列在Genbank和dbSNP中的序列号；以含有SNP的=52bp序列进行检索，其中SNP位点使用A或G表示，也均可以得到目标序列。

提示：在FASTA-SNP中对SNP进行序列检索时，结果比较稳定，审查员可以根据需要选择使用。

③ 数据库：JSNP

在JSNP主页选择BLAST SNP，可选择blastn-SNP, tblastn-SNP以及megablast-SNP三种形式进行检索。以含有SNP的=52bp序列进行检索，其中SNP位点使用IUPAC码表示，则可得到dbSNP的序列号（该序列号可直接与NCBI链接）、用图形表示的该SNP与其所在基因的位置关系、与目标基因的匹配情况以及用IUPAC码高亮显示的SNP位点序列；以含有SNP的=52bp序列进行检索，其中SNP位点使用A表示，则没有结果；以含有SNP的=52bp序列进行检索，其中SNP位点使用G表示，则可以得到dbSNP的序列号以及用IUPAC码高亮显示的SNP位点。

提示：在JSNP中对SNP进行序列检索时，建议对SNP位点使用IUPAC码表示的序列进行检索，其结果比较直观明了。

④ 数据库：Ensembl

在真核生物基因组数据库Ensembl，以含有SNP的=52bp序列进行检索，其中SNP位点使用IUPAC码表示，则可得到dbSNP的序列号、使用图形表示的该SNP与其所在染色体的位置关系等信息。

【案例 4-1-4】

案情简介：

权利要求：一种钙蛋白酶抑制蛋白基因 1836 位 SNP 标记筛选猪的方法，其特征在于包括如下步骤：（a）提取猪的耳组织总 RNA 样品，进行反转录反应，再用钙蛋白酶抑制蛋白基因特异性引物进行 PCR 反应，得到扩增产物；（b）检测扩增产物中是否存在以下单核苷酸多态性：1836 位 C→T；其中，核苷酸位置编号基于 Genbank 索引号：M20160；所述的基因特异性引物具有 5'- GTCTCGGACCTCCTTGTG -3' 和 5'- ATTCAGGCGGGATAGTGT -3' 的序列；所述的扩增产物的长度为 100~4000bp，且含有 M20160 中 1836 位。

检索过程：

在 NCBI/Nucleotide 中以基因登录号 M20160 检索，得到该基因的相关信息，在页面右侧有 All links from this record 栏目，如果 NCBI 数据库中存在对应于 M20160 的 SNP，则该栏目将会含有 SNP 的选项，可以链接至相关 SNP，再结合突变位置加以确定。

【案例 4-1-5】

案情简介：

权利要求：一种获得 SNP 序列的方法，其具体步骤如下：通过 http://www.ncbi.nlm.gov/snp 数据库，在 TERT 基因上选择单核苷酸多态性 rs2736098；依据相应的碱基序列合成引物 CGAAGAAGCCACCTCTTTGGA 和 AAGTGCTTGGTCTCGGCGTAC；PCR 反应体系 25μl：2.5μl 10 × TaqBuffer，2μl 2.5mM dNTP，1μl 10mM Primer，1μl Template DNA，0.2uTaq，用 ddH$_2$O 补足 25μl；PCR 反应条件：94℃ 8min；94℃ 40sec，57℃ 30sec，72℃ 1min，35 个循环；72℃ 10min；扩增产物为 168bp，用 2% 的琼脂糖凝胶电泳，溴化乙锭染色检测。

检索过程：

权利要求中给出了用于扩增含有 SNP 的核酸片段的引物，可以将引物序列在数据库中进行比对，从而得到扩增片段对应的区域，在该区域中进行查找。还可以采用 In-Silico PCR（电子 PCR）的方法进行查找，例如 UCSC 数据库提供了 In-Silico PCR 的工具（http://www.genome.ucsc.edu/cgi-bin/hgPcr?org=Human&db=hg18&hgsid=97455841）。输入正反向引物序列，对物种等信息进行选择，得到结果后将 SNP 的显示方式设置为 full，可以得到扩增片段所含 SNP，进而与申请中的 SNP 进行比较。例如输入正向引物 CGAAGAAGCCACCTCTTTGGA，反向引物 AAGTGCTTGGTCTCGGCGTAC，结果显示该扩增区域含有一个 SNP rs2736098。

4. 抗体的检索

抗体是一类重要的生物制品，在生物检测、疾病预防与治疗等方面的作用越来越突出，其相关专利申请数量也越来越大。随着对其研究和认识的深入，嵌合抗体、改型抗体和由不同抗体片段组成的小分子抗体等具有抗体活性的制品不断涌现。

1）常用数据库

推荐优先在 SIPOABS、DWPI、PubMed、ISI Web of Knowledge、Google Scholar 等外文数据库中进行检索，然后在 CPRSABS、CNKI、万方等中文数据库中进行检索。此外，还

可以在本节第一部分所述的数据库对抗体序列进行检索。由于日本的抗体相关专利和非专利文献量仅次于美国,因此除注意中英文的文献检索外,有条件的情况下应注意对日文文献的检索。

除以上数据库之外,抗体资源网站 http：//www.antibodyresource.com 提供了数以万计的抗体产品及相关信息,涉及如何寻找抗体、抗体技术、抗体新闻及抗体数据库和软件等,能够提供抗体商品的检索,可通过这些产品追踪到相关的文献。另外,可用来分析抗体轻重链 CDR 区的工具有 IMGT/LIGM-DB（http：//imgt.cines.fr/IMGT_vquest/share/textes）的 IMGT/V-QUEST 和 V base（http：//vbase.mrc-cpe.cam.ac.uk/）的 DNA Plot,输入轻重链全序列或 V 区序列,运行即可获得该链的 CDR 序列,但是其只能对核苷酸序列进行分析,不能对氨基酸序列进行分析。

2）权利要求分析

涉及抗体的权利要求可分为以下几类：① 由已知抗原（现有技术）或已知抗原的具体表位限定的抗体。② 由序列或序列组合限定的抗体。③ 由未知抗原（非现有技术）限定的抗体。④ 由杂交瘤株限定的抗体。

3）检索策略

（1）分类号检索

用于检索抗体或免疫球蛋白的 IPC 分类号相对集中,具体对应关系如下：来源不同的抗体为 C07K 16/02 ~ C07K 16/06,针对不同蛋白抗原的抗体为 C07K 16/08 ~ C07K 16/40,抗抗体为 C07K 16/42,针对其他抗原的抗体为 C07K 16/44,杂合抗体和含有免疫球蛋白肽的杂合肽为 C07K 16/46 和 C07K 19/00,包含抗体的药物制品为 A61K 39/395 ~ A61K 39/44,单克隆抗体的制备为 C12P 21/08,制备免疫球蛋白的 DNA 重组技术为 C12N 15/13,抗体在疾病治疗方面的应用为 A61P,抗体在检测方面的应用为 G01N 33/50 至 G01N 33/98。EC 对 C07K 16/00 大组下的专利文献进行了细分,尤其是对针对病毒、细菌、细胞因子、细胞表面受体的抗体以及抗抗体和杂合抗体进行了详细的细分。上述 IPC 分类号所对应的 EC/FI/FT 等分类号的查询方法可参见本书第一章第一节的内容。

（2）关键词检索

由于抗体是针对抗原而言的,因此除使用序列检索抗体外,抗体所针对的抗原、抗原表位、磷酸化位点或关键突变位点、抗原来源物种、抗体来源物种、耦联物、杂交瘤、抗体类型及抗体的应用等均可作为检索抗体的关键词。

（3）典型案例分析

【案例 4-1-6】

案情简介：

权利要求：一种抗体,包含重链可变区域,所述区域包含：RASSSVSYIH 示出的 CDR1 区域；ATSNLAS 示出的 CDR2 区域；以及 QQWTSNPP 示出的 CDR3 区域。

检索过程：

在 GenBank、EMBL 和 DDBJ 中均可以对任一 CDR 的序列或其所在全序列（包括核苷酸和氨基酸）进行检索,推荐方式是将抗体轻重链的 CDR1 + CDR2 + CDR3 或全序列作为检索要素进行检索。如：

用 NCBI/BLAST 检索，输入格式为：
RASSSVSYIH ATSNLAS QQWTSNPP
用 EBI/WU-BLAST 检索，输入格式为：
＞
RASSSVSYIH
ATSNLAS
QQWTSNPP

结果分析：

以上述方式检索可获得数量较少且准确的检索结果，当氨基酸序列较短时，可以将其对应的核苷酸序列按以上方式输入进行检索。

在中国专利生物序列检索系统中可以对任一 CDR 的序列或其所在全序列进行检索，在"短肽序列（blastp）"入口中则可采用与上述两种方式相同的输入方式进行 CDR1 + CDR2 + CDR3 的检索。

【案例 4 -1 -7】

案情简介：

权利要求：一种抗磷酸化 Tau 蛋白的抗体，其特征在于，所述抗体是针对同一 Tau 蛋白的磷酸化位点特异性抗体，包括 6 种分别抗 Thr181、Thr205、Thr231、Ser262、Ser396、Ser404 位点磷酸化修饰 Tau 蛋白的兔多克隆抗体。

检索过程：

除与其他生物材料共性地在常规专利和非专利数据库中进行检索外，还可以在 http：//www.antibodyresource.com/网站中，按以下程序对目标文献进行有针对性的追踪：单击"how to find an antibody" – "1. Linscott's Directory……"链接到 http：//www.linscottsdirectory.com/search/antibodies 网站，输入关键词：Tau Thr181 或 Tau Ser262，选择宿主物种：Rabbit，反应性物种：Human，可检索出针对人来源的 Tau 第 181 位 Thr 磷酸化或去磷酸化的兔多抗，通过各公司提供的"More Info"可追踪获得关于该多抗的参考文献，通常 Sigma-Aldrich、BioLegend、MyBioSource 等公司会提供相关文献的链接。除此之外，不同公司提供的抗体相关信息中会对抗体的名称进行扩展及对抗体进行详细说明。因此，该网站提供的信息除可用于对比文件的指向性检索外，还可为专利申请的检索提供关键词的扩展及对比文件检索的预期。

5. 肽衍生物的检索

肽衍生物是生物技术领域涉及较多的一类审查主题，文献庞杂、分布分散，且往往涉及化学与生物两个学科领域，在检索上具有独特性。

1）常用数据库

推荐优先在 PubMed、EMBASE、ELSEVIER 中进行检索，其次在 DWPI、CPRSABS、CNKI、万方、WILEY ONLINE LIBRARY、SPRINGERLINK 等数据库中进行检索。序列数据库 EBML、GenBank 等一般不直接包含经修饰后的肽，但是包含一些原始肽，如 PEG 等修饰前的原肽。特别需要指出的是，必要时，肽衍生物主题需要检索化学领域经常使用的 STN、CA 等检索系统。

2）权利要求分析

涉及肽衍生物的权利要求主要有以下几种类型：① 肽衍生物产品，如：直接以序列结构限定的肽衍生物、对原始肽进行化学修饰形成的肽衍生物、对原始肽的氨基酸进行取代所形成的肽衍生物、由原始肽的氨基酸自身相互作用而形成的环肽或缩肽、以肽衍生物为主要成分的产品（抗菌/消炎类药物、抑制/促进代谢类药物、拮抗剂、激动剂、新型疫苗等）。② 肽衍生物的生产方法，如：将化学修饰基团连接到肽上的方法，对肽的化学基团进行修饰以改善肽的性能的方法。

3）检索策略

（1）分类号检索

用于检索肽衍生物的主要分类号是 C07K 及其下位组、C07D 及其下位组。

（2）关键词检索

用于检索肽衍生物的常用中文关键词有：肽、二肽、三肽、四肽、多肽、寡肽、环肽、衍生、修饰、偶联、缀合、共价或肽衍生物的原始肽的中文名称；常用英文关键词有：peptide, polypeptide, oligopeptide, dipeptide, tripeptide, tetrapeptide, derivative, derived, modified, modify, modifying, decorated, decorate, decorating, patching, patch, patched, coupling, couple, coupled, covalent, 肽衍生物的原始肽的英文名称等。由于化学基团结构的复杂多样性，检索关键词还可以包括这些化学基团的中文名、英文名、俗名、标准名等。

（3）典型案例分析

【案例 4-1-8】

案情简介：

权利要求：通式 I 的 6 种具有免疫抑制活性的饱和脂肪链胺 Glu-Asp-Gly 三肽酰胺：Glu-Asp-Gly-NH – CH$_2$ – （CH$_2$）nCH$_3$ I，通式 I 中的 n = 6、8、10、12、14 或 16。

检索过程：

1	DWPI	10	Glu w Asp w Gly
2	DWPI	249	EDG
3	DWPI	1436	tripeptide?
4	DWPI	287	tri w peptide?
5	DWPI	15	urine w toxin
6	DWPI	5	urotoxin
7	DWPI	4	urotoxic
8	DWPI	12	uremic w toxin
9	DWPI	87077	amide
10	DWPI	146925	aliphatic
11	DWPI	1540	3 or 4
12	DWPI	13	2 and 9
13	DWPI	36	5 or 6 or 7 or 8
14	DWPI	199	11 and 9

15	DWPI	73	10 and 11
16	DWPI	193099	amine
17	DWPI	24875	10 and 16
18	DWPI	21	17 and 11
19	DWPI	985060	patching or patched or coupling or coupled
20	DWPI	186	11 and 19
21	DWPI	21	10 and 20

结果分析：

该权利要求是极为典型的肽衍生物权利要求，其将短肽与饱和脂肪链胺直接通过化学键相连，而饱和脂肪链胺以近似马库什的形式存在。该检索的重点为三肽和脂肪链胺的组合或三肽和常用关键词的组合，三肽包括了三肽的俗称，该检索没有突出功能性关键词在检索中的作用，以求减少文献的阅读量，为进行全面检索，该检索还可以加入功能性关键词进行检索。

6. 蛋白质糖基化变体的检索

蛋白质糖基化变体或糖蛋白（glycoprotein）是由短的寡糖链与蛋白质共价相连构成的分子，其总体性质更接近蛋白质。糖蛋白包括酶、激素、载体、凝集素、抗体等。在糖蛋白中，糖的组成常比较复杂，有甘露糖、半乳糖、岩藻糖、葡糖胺、半乳糖胺、唾液酸等。寡糖和蛋白质有两种结合方式：① 糖的半缩醛羟基和含羟基的氨基酸（丝氨酸、苏氨酸、羟基赖氨酸等）以 O - 糖苷键结合；② 糖的半缩醛羟基和天冬酰胺的酰胺基以 N - 糖苷键结合。

1）常用数据库

推荐优先在 PubMed、EMBASE、ELSEVIER 中进行检索，其次在 DWPI、CPRSABS、CNKI、万方、WILEY ONLINE LIBRARY、SPRINGERLINK 等数据库中进行检索。序列数据库 EMBL、GenBank 等一般不直接包含经修饰后的糖蛋白，但是包含一些糖蛋白的原蛋白，可通过序列数据库获得与原蛋白相关专利文献和非专利文献及其出处。

2）权利要求分析

涉及蛋白质糖基化变体的权利要求主要有以下几种类型：

（1）糖蛋白产品，如：① 以蛋白质的氨基酸序列进行限定，其中包括其糖基化的氨基酸位点，还可以进一步包括其糖基化位点具体为何种寡糖修饰；② 以具体种类的糖蛋白进行限定，其中包括具体糖蛋白经糖修饰后的物理化学性质如分子量、糖含量、电泳性质、润滑性、黏弹性、抗热失活、抗蛋白酶水解及抗冻性；③ 以糖蛋白为主要成分的治疗用药物、检测用药品等产品；④ 通过一些特定途径对糖蛋白自身进行限定，主要是由具备糖基化加工能力的宿主细胞产生的糖基化单克隆抗体。

（2）糖蛋白产品的生产方法，如：将目的基因导入特定的动植物细胞等真核宿主来表达经糖基化修饰的糖蛋白的方法。

（3）从天然产品中分离纯化糖蛋白产品的方法。

（4）糖蛋白产品的用途，如：制药用途、检测用途。

3）检索策略

对于糖蛋白产品权利要求，以产品的结构为核心要素进行检索属于查准模式；兼顾产品的结构、性质、用途和糖蛋白的代谢机理等进行检索属于查全模式。考虑到糖蛋白结构和功能的多样性,优选以查准模式进行检索。以下内容可以供检索者考虑终止检索时参考:一般情况下,糖蛋白具有种属专一性;糖蛋白寡糖结构具有多样性;糖蛋白的寡糖参与维持其肽链处于有生物活性的天然构象及稳定肽链结构,并赋予整个糖蛋白分子以特定的理化性质;绝大多数糖蛋白的寡糖是糖蛋白的功能中心。

(1) 分类号检索。用于检索蛋白质糖基化变体的分类号分布如下:单纯糖蛋白产品,包括 C07K 9/00、C07K 14/00、C07K 16/00 及其下位组;糖蛋白作为主要成分的产品,包括 A61K 38/00、A61K 39/00、A61P 1/00、A61P 7/00、A61P 17/00、C12P 19/00、C12P 21/00、A61P 29/00、A61P 31/00、A61P 37/00、A61P 43/00 及其下位组;生产糖蛋白产品的方法,包括 C12N 5/00、C12N 15/00、C12P 19/00、C12P 21/00 及其下位组;糖蛋白产品的用途,除 A61K 和 A61P 及以下各组外,还包括 G01N 33/00 和 C12Q1/68 及其下位组。

(2) 关键词检索。用于检索蛋白质糖基化变体的常用中文关键词有:糖蛋白、糖基化蛋白、糖肽、糖多肽、糖基化、糖修饰、血红蛋白、免疫球蛋白、抗体、胰蛋白酶、尿激酶等。其中,前面 6 个关键词既可以单独使用,也可以与具体糖基化修饰的蛋白质(如血红蛋白、免疫球蛋白、抗体、胰蛋白酶、尿激酶等)通过算符(如*)一起使用,形成如糖蛋白*(血红蛋白+球蛋白+抗体+胰蛋白酶+尿激酶+尿激肽原酶等)的检索式。常用英文关键词有:glycoprotein, glycosylated, glycosylation, glycosylating, glycosylate, hemoglobin, immunoglobulin, antibody, trypsin, urokinase,其中,前面两个关键词既可以单独使用,也可以与具体糖基化修饰的蛋白质通过布尔算符(如and)使用,形成如"glycoprotein? and hemoglobin?"的检索式,以有效减少待阅读的文献量;后面 4 个英文关键词既可以单独使用,也可以与具体糖基化修饰的蛋白质通过布尔算符(如and)使用,形成如"glycosylated and hemoglobin?"的检索式,还可以与邻近算符(如w)使用,形成如"glycosylated w hemoglobin?"的检索式。遇到后面一种情况时应注意,布尔算符形式的检索结果一般要比邻近算符的检索结果涉及的专利文献数量要多,如在 DWPI 用"glycosylated and hemoglobin?"比用"glycosylated w hemoglobin?"检索可获得更多的专利文献,前者获得的文献中有很多与糖基化血红蛋白密切相关的文献,因此建议在阅读的文献量可接受的情况下,可优先使用诸如"glycosylat + and hemoglobin?"的检索式。

(3) 典型案例分析。

【案例 4-1-9】

案情简介:

权利要求:一种重组人胰激肽原酶,其中所述重组人胰激肽原酶是由 238 个氨基酸残基组成一条单链,N-末端和C-末端氨基酸残基分别为异亮氨酸和丝氨酸,通过 SDS-PAGE 电泳测定,其分子量为 35.0~44.0KDa,其一级结构如 SEQ ID No:1 所示,该酶分子中含有 5 对 S-S 键,分别为 Cys7~Cys150, Cys26~Cys42, Cys129~Cys196, Cys161~Cys175 以及 Cys186~Cys211,等电点约为 4.0,分子中含有 14.4% 的糖,结合位点分别位于 Asn78、Asn84 及 Asn141。

检索过程:

1	DWPI	1073	kallikrein?
2	DWPI	30	Kallidinogenase?
3	DWPI	8937	glycoprotein?
4	DWPI	18	glycol w protein?
5	DWPI	3191	glycosylated
6	DWPI	2789	glycosylation
7	DWPI	73	glycosylate
8	DWPI	1099	1 or 2
9	DWPI	72	3 and 8
10	DWPI	0	4 and 8
11	DWPI	9	5 and 8
12	DWPI	8	6 and 8
13	DWPI	0	7 and 8
14	DWPI	82	9 or 11 or 12

结果分析:

该权利要求极为典型,其包含了激肽原酶糖蛋白氨基酸序列、糖基化的氨基酸位点,激肽原酶经糖修饰后的分子量、糖含量、等电点等物理化学性质。由于权利要求主题所涉及的一级结构、二硫键、糖基化位点等均为现有技术,因此其检索的重点为糖基化修饰后的糖含量和分子量,糖含量和分子量是其种属特异性的体现,专利文献检索过程中采用蛋白名称和糖基化用关键词相与,以达到有效检索糖基化胰激肽原酶的目的。

第二节 生物材料的检索

以生物材料为核心的生物技术在近年来发展迅速,该领域的专利申请数量逐年递增。本节所述的生物材料主要涉及干细胞、动植物细胞、细菌、真菌以及病毒(备注:由于干细胞在近年专利申请中的数量骤增,并存在一般动物细胞所不具有的特性,因此将其从动物细胞中专门划分出来)。

一、生物材料检索的常用数据库

一般情况下,推荐优先在 SIPOABS、DWPI 和 CPRSABS 等专利数据库中进行检索,其次在 CNKI、万方、PubMed、ISI Web of Knowledge 等非专利数据库中进行检索。此外,由于生物技术领域的特殊性,还可以在已将生物材料商业化的生物公司网站、生物材料保藏机构的网站以及如授予植物品种权的农业部植物新品种保护办公室这样的国家相关品种权审批机构网站进行检索。

二、生物材料的权利要求分析

涉及生物材料的权利要求主要有以下几类:

（1）以保藏号限定，如：人胚胎干细胞系 SH-HES1，其保藏号为 CCTCC-C200503。

（2）以菌株名称、形态学特征、16S rDNA 或特定功能限定，如：产朊圆酵母 2.281、来源于与地衣芽孢杆菌基于 16S rDNA 序列比对有至少 99% 同源的芽孢杆菌菌种、能够抑制腋窝细菌释放 3-甲基-2-己烯酸或其有气味的衍生物的微生物。

（3）以表达的蛋白限定，如：检验第 4 代人骨髓间充质干细胞的步骤，具体是采用流式细胞仪检测其表面抗原标志，表现为 CD29、CD44、CD71、CD105、CD166 间充质干细胞表面标志均为阳性，CD11a、CD14、CD34、CD45 造血干细胞表面标志均为阴性。

（4）以制备方法限定，如：一种诱导体细胞产生胚胎干细胞（ES）样多能性细胞的方法，其特征在于，所述方法包括下述步骤：① 体细胞的制备；② ES 细胞提取物的制备；以及③ 利用所述 ES 细胞提取物处理所述体细胞。

（5）以上述几种方式相结合进行限定。

三、生物材料的检索策略

对于生物材料，可以通过分类号、关键词等多种途径进行检索。特别值得注意的是：采用申请人自行命名的实体名，例如质粒名称或菌株名称作为关键词，经常可以更有效地检索到对比文件。

1. 分类号检索

生物材料由于种类较多，因此涉及的分类号较为广泛，主要的 IPC 分类号分布如下：

（1）干细胞：主要分布在 C12N 5/00 及其下位组，包括 C12N 5/00、C12N 5/02、C12N 5/04、C12N 5/06、C12N 5/08、C12N 5/10、C12N 5/12、C12N 5/16 等。

（2）动物细胞：主要分布在 C12N 5/00 和 C12N 15/00 及其下位组，包括 C12N 5/06、C12N 5/16、C12N 15/06、C12N 5/18、C12N 5/20、C12N 15/85、C12N 15/86、C12N 15/861、C12N 15/863、C12N 15/864、C12N 15/866、C12N 15/867、C12N 15/869 等。

（3）植物细胞：主要分布在 A01H 小类中，包括 A01H 1/00、A01H 1/02、A01H 1/04、A01H 1/06、A01H 1/08、A01H 3/00、A01H 3/02、A01H 3/04、A01H 4/00、A01H 5/00、A01H 5/02、A01H 5/04、A01H 5/06、A01H 5/08、A01H 5/10、A01H 5/12、A01H 7/00、A01H 9/00、A01H 11/00、A01H 13/00、A01H 15/00、A01H 17/00。需要说明的是，植物细胞相关的专利申请除 A01H 所述的植物材料、植物材料的生产方法外，还涉及 C12N 5/00 小组下的转基因技术。

（4）细菌和真菌：主要分布在 A61K 35/00、A61K 36/00、A61K 39/00、C05F 11/00、C07K 14/00、C12N 1/00、C12N 9/00、C12N 15/00、C12P 1/00、C12P 39/00、C12Q 1/00 等。

（5）病毒：主要分布在 A01N 63/00、A61K 35/00、A61K 39/00、A61P 31/00、C07K 4/00、C07K 14/00、C07K 16/00、C12M 3/00、C12N 1/00、C12N 5/00、C12N 7/00、C12N 15/00、C12Q 1/00、C12R 1/00、G01N 33/00 等。

可使用 S 系统的多功能查询器查询上述 IPC 分类号所对应的 EC/UC/FI/FT 分类号。

2. 关键词检索

生物材料检索常用的中文关键词有：干细胞、动物、哺乳动物、植物、微生物、细菌、真菌、病毒、保藏、菌株、细胞、培养物、品种等，常用英文关键词有：stem cell, animal, mammalian, plant, microorganism, microbe, bacteria, bacterium, fungal, fungi, virus, deposit, cell, culture, breed, variety, 16S rDNA 等。

3. 保藏物检索

1) 基于专利程序的国际保藏单位（IDAs）的保藏物检索

基于专利程序的国际保藏单位的保藏物检索，应当通过国际保藏单位的网站（见表4-2-1）直接进行核查。如果采用互联网通用搜索引擎（Google、百度等）进行核查，则可能获得错误的信息，具体可参见案例4-2-2。某些专利申请涉及的保藏物可能会同时保藏在不同保藏机构中，即同一保藏物可能会具有不同的保藏号，因此有时需要对同一保藏物的不同保藏号以及其间的关系进行查询，具体可参见案例4-2-3和案例4-2-4。

表4-2-1 基于专利程序的国际保藏单位（IDAs）

国家	保藏单位	网　　址
澳大利亚	The National Measurement Institute (NMI)	http://www.measurement.gov.au
比利时	Belgian Coordinated Collections of Microorganisms (BCCM™)	http://www.belspo.be/bccm
保加利亚	National Bank for Industrial Microorganisms and Cell Cultures (NBIMCC)	http://www.nbimcc.org
加拿大	National Microbiology Laboratory, Health Canada (NMLHC)	http://www.nml-lnm.gc.ca/IDAC-ADI/index-eng.htm
中　国	China Center for Type Culture Collection (CCTCC)	http://www.cctcc.org.cn
	China General Microbiological Culture Collection Center (CGMCC)	http://www.cgmcc.net
捷　克	Czech Collection of Microorganisms (CCM)	http://www.sci.muni.cz/ccm
法　国	Collection nationale de cultures de micro-organismes (CNCM)	http://www.pasteur.fr/recherche/unites/Cncm
德　国	DSMZ - Deutsche Sammlung von Mikroorganismen und Zellkulturen GmbH (DSMZ)	http://www.dsmz.de
匈牙利	National Collection of Agricultural and Industrial Microorganisms (NCAIM)	http://ncaim.uni-corvinus.hu
印　度	Microbial Type Culture Collection and Gene Bank (MTCC)	http://mtcc.imtech.res.in
意大利	Advanced Biotechnology Center (ABC)	http://www.iclc.it/iclceng.html
	Collection of Industrial Yeasts DBVPG	http://www.agr.unipg.it/dbvpg
日　本	International Patent Organism Depositary (IPOD)	http://unit.aist.go.jp/pod/cie/index.html
	National Institute of Technology and Evaluation, Patent Microorganisms Depositary (NPMD)	http://www.nbrc.nite.go.jp/npmd/

续表

国家	保藏单位	网址
拉脱维亚	Microbial Strain Collection of Latvia (MSCL)	http：//mikro.daba.lv
荷兰	Centraalbureau voor Schimmelcultures (CBS)	http：//cbs.knaw.nl
波兰	IAFB Collection of Industrial Microorganisms	未知
波兰	Polish Collection of Microorganisms (PCM) Institute of Immunology and Experimental Therapy Polish	http：//immuno.iitd.pan.wroc.pl
韩国	Korean Cell Line Research Foundation (KCLRF)	http：//cellbank.snu.ac.kr
韩国	Korean Collection for Type Cultures (KCTC)	http：//www.brc.re.kr/
韩国	Korean Culture Center of Microorganisms (KCCM)	http：//www.kccm.or.kr/
俄罗斯	National Research Center of Antibiotics (NRCA)	未知
俄罗斯	All-Russian Collection of Microorganisms (VKM)	http：//www.vkm.ru
俄罗斯	Russian National Collection of Industrial Microorganisms (VKPM)	未知
斯洛伐克	Culture Collection of Yeasts (CCY)	http：//www.chem.sk/activities/yeast/ccy
西班牙	Banco Nacional de Algas (BNA)	http：//www.ulpgc.es/webs/cbm/
西班牙	Colección Espa?ola de Cultivos Tipo (CECT)	http：//www.cect.org
英国	CABI Bioscience, UK Centre (IMI)	http：//www.cabi.org
英国	Culture Collection of Algae and Protozoa (CCAP)	www.ccap.ac.uk
英国	European Collection of Cell Cultures (ECACC)	http：//www.ecacc.org.uk
英国	National Collection of Type Cultures (NCTC)	http：//www.hpacultures.org.uk
英国	National Collection of Yeast Cultures (NCYC)	http：//www.ncyc.co.uk
英国	National Collections of Industrial, Food and Marine Bacteria (NCIMB)	http：//www.ncimb.com
英国	National Institute for Biological Standards and Control (NIBSC)	http：//www.nibsc.ac.uk
美国	Agricultural Research Service Culture Collection (NRRL)	http：//nrrl.ncaur.usda.gov
美国	American Type Culture Collection (ATCC)	http：//www.atcc.org

2) 基于非专利程序的保藏单位的保藏物检索

基于非专利程序的保藏单位的保藏物检索，特别是具有细胞结构的生物材料，例如藻类、原生生物等，有利于审查员确认现有技术状况。表4-2-2列举了常见的基于非专利程序的保藏单位，供参考。

表 4-2-2 基于非专利程序的保藏单位

保藏单位	网 址	其他说明
中国微生物与病毒主题数据库	http://www.micro.csdb.cn/	该数据库涵盖了微生物学、病毒学等领域
疫苗数据库	http://www.vaccines.com/?fa=home	该数据库提供了疫苗及其针对疾病的关联查询
药品数据库	http://www.medicinenet.com/script/main/notfoundstatic.asp?404；http://onhealth.com:80/ch1/resource/pharmacy/drug/	该数据库提供了在线的疾病、药品查询信息
动物数据库 Animal Bytes Database	http://www.seaworld.org/animal-info/animal-bytes/index.htm	该数据库能迅速查询某些独特生物的资料，如科学分类、生物学价值等
美国农业部国家植物数据库和规划 USDA	http://plants.usda.gov/java/	该数据库提供了美国国内的维管植物、苔藓类、角苔类、地衣类的标准信息查询
水生植物中心	http://plants.ifas.ufl.edu/	该数据库提供了水生植物相关数据、图片、录像等
鱼数据库 FishBase	http://www.fishbase.org/	该数据库包含中文数据
中国科学院典型培养物保藏委员会淡水藻种库	http://algae.ihb.ac.cn/	该数据库提供了9门藻类，1500余株藻种。查询入口：编号、拉丁种名、拉丁属名、中文名、用途、培养温度、来源、培养基
美国德州大学藻种库	http://web.biosci.utexas.edu/utex/	查询入口：UTEXJHJ（UTEX 编号）、Class（分类名）、Genus/Species（属/种名）、Notes（注释摘要说明）、Relatives（亲缘）、Also Known As（其他名称/俗名）
法国 PCC 藻种库 The Pasteur Culture Collection of Cyanobacteria	http://www.pasteur.fr/ip/easysite/pasteur/en/research/collections/crbip/general-informations-concerning-the-collections/iv-the-open-collections/iv-iii-pasteur-culture-collection-of-cyanobacteria 查询系统 http://www.crbip.pasteur.fr/onglet.jsp?tab=cyano	该数据库隶属于巴斯德研究所（Institut Pasteur）。查询入口：Genus（属/种名）、Item code（编号）

续表

保藏单位	网址	其他说明
日本 NIES 藻种库	http://mcc.nies.go.jp/ 查询系统： http://mcc.nies.go.jp/top.do；jsessionid=D3676A0A05D033C7BEF21E0875890FBF?forwardType=2	查询入口：编号、种属名称。可以进一步使用例如生长环境、细胞大小、性状等细节进行查询限定
德国 SAG 藻种库 Culture Collection of Algae (Sammlung von Algenkulturen der Universität Göttingen)	http://epsag.uni-goettingen.de/cgi-bin/epsag/website/cgi/show_page.cgi?id=1 查询系统： http://epsag.uni-goettingen.de/cgi-bin/epsag/website/cgi/show_page.cgi?kuerzel=catalogue	该数据库提供了约 2400 种藻类信息。 查询入口：编号、种名、属名、通用名等
英国 CCAP 藻种库 Culture Collection of algae and protozoa	http://www.ccap.ac.uk/index.htm 查询系统： http://www.ccap.ac.uk/ccap_search.php?mode=attr	该数据库提供了约 2800 种藻类信息。 查询入口：编号、种属名等
澳大利亚 CCLM 藻种库 Australian National Algae Culture Collection	http://www.csiro.au/csiro/channel/_ca_dch2t.html 查询系统： http://www.marine.csiro.au/algaedb//FMPro?-db=CMARC%20Database.fp5&lay=Everything&format=search.htm&view	该数据库提供了约 1000 种藻类信息。 查询入口：编号、种属名称

4. 典型案例分析

【案例 4-2-1】

案情简介：

权利要求：一种蠡玉 13 号玉米杂交种的制种方法，其特征在于该制种方法如下：以自交系 5812 为母本，以自交系 H598 为父本，配制成杂交种蠡玉 13 号。

检索过程：

在 Baidu 或 Google 中输入关键词"蠡玉 13 号 5812 H598"，检索到 2005 年 7 月 1 日农业新品种申请公告（总第 36 期）。然后进入品种权公告查询网址：http://www.cnpvp.cn/Gazette/GazetteQuery.aspx，选择植物种类，输入所要检索的"植物种类"和"品种名称"或"申请/品种权人"，单击"查询"，就会得到其品种权公告信息，单击"申请公告"，会显示出该品种的申请相关信息，其中在"说明书摘要（品种来源）"部分会记载该品种的选育方法，其与权利要求中所述方法一致。

结果分析：

在植物育种领域常有涉及植物品种的选育方法的专利申请，此时除常规的检索方式外，还可以考虑农业部植物新品种保护办公室的新品种保护查询网站，对特定品种可能会检索到申请日之前公开的育种方法信息。

【案例 4-2-2】

案情简介：

权利要求：一种厌氧降解纤维素产甲烷复合菌，其特征是：该复合菌由以下 13 个菌株组成……（说明：权利要求对每个菌株的来源作了限定，具体限定到了 ATCC 和 DMSZ 保藏号，其中涉及两个编号 ATCC 43021 和 ATCC 43241）。

检索过程：

由于该技术方案的完成涉及多个生物材料，当通过 Google 进行保藏信息核查时，可以获得所有保藏信息的检索结果列表；当通过 ATCC 检索系统进行保藏信息核查时，却发现 ATCC 43021 和 ATCC 43241 并不存在于 ATCC 中。

结果分析：

通过互联网通用搜索引擎核查保藏信息很可能获得错误的信息。如果出现此类情况，需要进一步查核相关信息的真实性，以核实其是由于数据库没有收录、保藏信息录入数据库的时间迟滞还是虚假信息等所致。

【案例 4-2-3】

案情简介：

权利要求：一种微生物复合菌剂……（说明：该复合菌剂包括多种菌株，各种菌株均具有各自的保藏号）。

检索过程：

对实施例 1~3 中的嗜热球杆菌菌株 "ATCC No. 49802"，实施例 2 中的黑曲霉菌株 "中国科学院微生物所 No. 3.4523"，实施例 4 中的产黄纤维单胞菌菌株 "ATCC No. 1. 1941" 进行核实。通过 ATCC 和 CGMCC 两家保藏单位提供的在线菌种目录检索系统进行查询，发现上述 3 种菌株并未出现在上述微生物菌种保藏库中。但是，申请人在随后提交的意见陈述书中提供了 CGMCC 的保藏目录，证明了上述保藏号的正确性；同时提供了保藏号为 DSM20745 的菌种保藏证明，该保藏证明证实德国微生物菌种保藏中心（DSM）的保藏号 DSM20745 对应于保藏号 ATCC 49802，两者为同一保藏物的不同保藏号。

结果分析：

国内外保藏单位提供的在线检索系统中可能存在收录不全的情况，从而导致个别保藏号难以从在线检索系统中检索到。

【案例 4-2-4】

案情简介：

权利要求：一种通过使用假单胞菌属、红球菌属或芽孢杆菌属的细菌的 2-氧代-4-（烷硫基或芳硫基）-1-丁醇的微生物转化制备 2-羟基-4-（烷硫基或芳硫基）-1-丁酸的方法（说明：该方法涉及多种菌株，各种菌株均具有各自的保藏号，包括 IFO、JCM、IAM 等不同保藏机构的保藏号）。

检索过程：

为了核实 JCM、IFO、IAM 等不同保藏机构的保藏号以及该保藏号所代表的保藏物与基于专利程序的保藏物之间的关系，进行以下检索：

(1) JCM On-line Catalogue（日本微生物保藏中心（JCM）在线微生物分类库）是日本微生物保藏中心隶属于日本物理化学研究所（RIKEN）。它的在线微生物分类库收集了该中心收藏的微生物，供用户免费查询。可使用学名、JCM 号、菌株数据等进行查询。

(2) IFO（Institute for Fermentation）是由日本经济部、商业部、工业部支持的半政府性质菌种保藏中心。主要从事农业、应用微生物、菌种保藏方法、环境保护、工业微生物、普通微生物、分子生物学等的研究。该中心保藏有细菌 1446 株、真菌 568 株、酵母 164 株。上述菌种主要来自本国的其他菌种保藏中心且菌种可出售。

(3) IAM（Institute of Applied Microbiology）是日本东京大学应用微生物研究所。保藏的菌种有细菌 1507 株、霉菌 975 株、酵母 363 株、微藻（包括 cyanobacteria）279 株。

上述 3 个机构的保藏号均可通过以下网址查询其公开日期：http://www.jcm.riken.jp/JCM/catalogue.shtml。其中，JCM 的保藏号可直接通过"JCM accession number"项查询，IFO、IAM 的保藏号可直接通过"Accession number of other culture collection"项查询，注意保藏号开头的英文字母须大写。

第三节 生物表达系统的检索

生物表达系统是生物技术领域常见的保护主题，其主要包括大肠杆菌等原核生物表达系统和酵母、昆虫、植物、动物等真核生物表达系统，通常涉及宿主修饰、载体构建、目标基因修饰、启动子、信号肽、报告基因、非翻译区等内容。

一、生物表达系统检索的常用数据库

一般情况下，推荐优先在 SIPOABS、DWPI、Google Scholar、ISI Web of Knowledge 等外文数据库中进行检索，其次在 CPRSABS、CNKI、万方等中文数据库中进行检索。此外，在摘要数据库中检索不到合适的对比文件时，推荐在 S 系统的全文数据库 CNTXT、WOTXT、USTXT、EPTXT、JPTXT 中作进一步检索。

二、生物表达系统的权利要求分析

涉及生物表达系统的权利要求主要有以下几类：
(1) 对载体/质粒/宿主细胞的改进或修饰，如：利用了特殊的启动子或信号肽；
(2) 在载体/质粒中引入了新基因；
(3) 上述 (1) 和 (2) 的组合；
(4) 全新的生物表达系统，如：无细胞蛋白表达系统。

对于涉及新基因的权利要求，重点在于生物序列的检索，可参见本书第四章第一节的内容。对于全新的生物表达系统，目前的申请量较小，在此不作赘述。因此，下文主要针对第 (1) 类权利要求进行检索策略介绍。

三、生物表达系统的检索策略

对于不常见的生物表达系统命名，特别是申请人自定义的实体名，要注意使用组成载体的各元件进行检索。由于生物表达系统通常涉及多个元件的改进，因此以多个分类号联合检索，或是与关键词检索相结合，可以更准确地获得对比文件。对于生物表达系统中经常出现的"/"、"+"、"-"、空格、希腊和罗马字母等字符，应根据其在各个数据库中的标引特点进行相应检索，具体可参见本书第一章第二节的内容。

分类号检索适用于生物表达系统或其元件被分类号准确描述的权利要求，尤其是检索主题有细分的 EC/FI/FT 分类号时，推荐优先使用相应 EC/FI/FT 分类号检索。对于高校申请，可先使用 CPRSABS、万方、CNKI、ISI Web of Knowledge 等数据库用发明人/申请人进行检索。

可以利用以下几种模式检索生物表达系统。

（1）查准模式。直接以体现生物表达系统发明点的各组成元件为关键词，以关键词1 * 关键词2 * 关键词3 进行检索，可参见案例 4-3-1 的检索模式 2。

（2）查全模式。（扩展后的关键词1 + 分类号1）* （扩展后的关键词2 + 分类号2）。

（3）推荐模式。先用（申请人 + 发明人）* （关键词1 + 分类号1）检索，再用（关键词1 + 分类号1）* （关键词2 + 分类号2）检索；当某个组成元件有细分的分类号时，也可以直接用分类号1 * 关键词2 检索，可参见案例 4-3-1 的检索模式 1。

提示：可根据生物表达系统往往由多个元件组成且可以用图片表示的特点，巧用 Google 图片强大的图片检索功能，以生物表达系统各元件的组合进行检索，可参见案例 4-3-1 的检索模式 3。

1. 分类号检索

生物表达系统所涉及的 IPC 和 EC 分类号均主要集中在 C12N 15/00 及其下位组，尤其是 C12N 15/63~15/87；同时，A61K 48/00、C12N 1/00、C12N 5/00 和 C12N 7/00 及以下各组也有所涉及。

提示：有些 EC 号下包含对 IPC 号进一步细分的分类号，尤其是 C12N 15/82（用于植物细胞的载体或生物表达系统）和 15/85（用于动物细胞的载体或生物表达系统），因此以 IPC 号检索相对于 EC 号可获得更多文献，而以 EC 号检索可较准确地获取相关文献。

生物表达系统所涉及的 FI 分类号主要集中在 C12N 15/00 和 C12N 15/00@A~Z；同时，A61K 48/00、C12N 1/00、C12N 1/00@A~Z、C12N 1/00~1/14、C12N 1/14@A~Z、C12N 1/15~16、C12N 1/16@A~Z、C12N 1/18~1/20、C12N 1/20@A~Z、C12N 1/21、C12N 5/00、C12N 5/00@101~103、C12N 5/00@201~302、C12N 5/00, 202@A~Z、C12N 5/00, 203、C12N 5/00@203 和 C12N 7/00 也有所涉及。

生物表达系统所涉及的 FT 分类号主要集中在 4B024/；同时，4C084/、4B065/、2B030/、4B064/、4H045/、4B063/、2G045/、4B029/、4C087/、4C057/、4C085/、4B050/也有所涉及。

2. 关键词检索

由于生物表达系统涉及多种生物或元件，因此其关键词非常多，常用的中文关键词有：生物表达系统、载体、质粒、启动子、报告基因、非翻译区、信号肽、连接肽、融合、重组、生物发生器、反应器等，常用的英文关键词有：expression system, vector, plasmid, promoter, reporter gene, untranslated region, utr, signal peptide, linker, fusion, recombination, bioreactor 等。建议用上述常用关键词结合体现发明点的质粒/元件的具体名称进行检索，并注意扩展关键词和变换表达形式。

3. 典型案例分析

【案例 4-3-1】

案情简介：

权利要求：肿瘤坏死因子α基因的报告质粒，其特征在于其核心序列为荧光素酶报告基因、肿瘤坏死因子α基因启动子及3'端非翻译序列组成的重组DNA序列，或者通过上述核苷酸序列中的一个或多个核苷酸的缺失、取代或增加而得到的核苷酸序列，上述核心序列的链接顺序为：肿瘤坏死因子α基因启动子－荧光素酶报告基因－肿瘤坏死因子α基因3'端非翻译序列。

检索过程：

检索的重点在于所述报告质粒的各结构元件及其链接顺序，即：肿瘤坏死因子α基因启动子－荧光素酶报告基因－肿瘤坏死因子α基因3'端非翻译序列。

检索模式1：利用关键词结合分类号进行检索

(1) 数据库：SIPOABS

1	189286	C12N15/8+/EC/IC
2	189286	..LIM 1
3	101	TNF S PROMOTER【检索到相关文献1：WO0121823A2，可中止检索】

提示：① ICP分类号C12N15/85为本申请的主分类号，将其扩展到上下位组进行检索，可以使用如C12N 15/8+/EC/IC的检索式，同时在IPC和EC中进行全面检索，可以减少漏检的几率。② 可以使用"S"或"W"，而非"AND"作为算符进行检索，将关键词限定在一句内；涉及TNF的文献很多，利用同在算符使TNF与启动子密切关联可以缩小范围、减少噪声。

(2) 数据库：WOTXT、USTXT 和 EPTXT

1	36888	C12N15/8+/EC/IC
2	1963	TNF S PROMOTER
3	235	1 AND 2【浏览量太大，需作进一步限定】
4	881	TNF AND LUCIFERASE AND UTR
5	35	3 AND 4【检索到一篇相关文献GB9922283D0，经核实，其与文献1 WO0121823A2为同一篇文献，GB9922283D0为WO0121823A2的优先权号】

提示：① 用相同的检索式在S系统全文库中检索获得的文献量往往远多于在文摘库中获得的文献量，因此需要用关键词作进一步限定，以减少浏览量、提高效率。② S系统全文库的检索结果并不一定都用文献的公开号表示，有可能用优先权号表示，因此在SIPOABS、DWPI等文摘库与WOTXT、USTXT、EPTXT等全文库检索到的文献，虽然其文

献号不同，但可能为同一篇文献，应注意核实。

检索模式2：仅用关键词进行检索

（1）数据库：DWPI

1	8036	TUMOR W NECROSIS W FACTOR?
2	4333	LUCIFERASE?
3	140	1 AND 2
4	186	PGL3
5	9	3 AND 4【用独立权利要求中最重要的两个关键词与从属权利要求中的质粒名称相结合进行检索，检索到文献2：WO0121834A2，比较快，但是不全，因为质粒名称缩小了范围】
6	9553	TNF
7	12441	1 OR 6
8	196	7 AND 2【将独立权利要求中最重要的两个关键词扩展后进行检索，检索到文献1和文献2，很全，但浏览量太大；建议在浏览量不大时用该方法检索】
9	6	TNF AND LUCIFERASE AND UTR【注：直接用体现发明点的3个关键词检索，检索到文献1和文献2，既快又全，推荐优先使用该方法检索】

（2）数据库：WOTXT

1	881	TNF AND LUCIFERASE AND UTR【结果太多，需作进一步限定】
2	77730	PROMOTER
3	235	PGL3
4	91	1 AND 2 AND 3【检索到相关文献1和文献2，但浏览量较大，其中文献1和文献2的文献号分别为GB9922283D0和GB9922281D0】

（3）数据库：Google Scholar

1	1320	tnf alpha promoter luciferase reporter gene 3'utr【浏览量太大】
2	294	tnf alpha promoter luciferase reporter gene 3'utr pgl3【利用从属权利要求中的质粒名称缩小了范围，浏览量仍太大】
3	4	TNF-LUC-UTR【其中2篇为同一篇文献；很快，但是结果太少】
4	50	TNF-LUC【前10篇文献中就有多篇相关文献，较全，且浏览量不是很大，推荐】

提示：① 直接用独立权利要求中最重要的关键词进行检索往往能快速、准确地获得对比文件，在文献量较大时，可结合从属权利要求中的关键词进行检索。② 巧妙利用英文单词的缩写形式，并结合生物表达系统本身的特点进行检索，例如载体的各个元件之间往往用连接符"-"相连，因而可以TNF-LUC-UTR这种常见的载体书写形式进行检索，效果较好。

检索模式3：巧用Google图片进行检索

数据库：Google图片

TNF LUC UTR【注：可检索到大量的质粒图片，通过筛查可以检索到较为相关的文

献】

提示：以生物表达系统各元件的组合进行检索，浏览图片直观快捷，不足之处是噪声较多，筛查工作量较大。

【案例 4-3-2】

案情简介：

权利要求：一种提高家蚕杆状病毒表达系统外源蛋白质表达水平的方法，其特征在于该方法的步骤如下：① 以家蚕杆状病毒 BmNPV 基因组为模板，通过 PCR 技术克隆多角体启动子和多角体基因 Polyhedrin N-端从起始密码子 ATG 开始的编码 50 个氨基酸，即 150 个核苷酸的基因序列，然后通过体外连接的方法，在其 C 端与报告基因-绿色荧光蛋白基因 EGFP 进行连接，成为一个融合基因；随后将该融合基因克隆入杆状病毒供体质粒 pFastBacHTa，构建完成一个重组的杆状病毒供体载体；② 然后利用已经构建的适用于家蚕的杆状病毒 Bac-to-Bac 表达系统，获得重组病毒；③……

检索过程：

该权利要求主要涉及：① 表达系统：杆状病毒 Bac-to-Bac 表达系统；② 外源蛋白：多角体启动子-多角体基因 N 端 50 个氨基酸-EGFP。通过阅读说明书可知所述杆状病毒 Bac-to-Bac 表达系统已被公开，经 CNKI 简单检索可知，多角体启动子是杆状病毒表达系统常用启动子，EGFP 为常用报告基因，因此，确定本发明的发明点为多角体基因 N 端的 50 个氨基酸（PH50），对其做重点检索。

检索模式 1：

目的：获得多角体启动子-PH50-EGFP 及同时使用杆状病毒 Bac-to-Bac 表达系统的文献。

(1) 数据库：CPRSABS 及 CNKI

使用申请人和发明人简单检索，检索到多篇涉及 Bac-to-Bac 表达系统的文献，如：文献 1 (CN1239699C)、文献 2 (CN101381726A)。由于申请人在权利要求中写入了原理等特征，在选择公开表达系统的对比文件时，可优先考虑申请人或发明人的申请，以便于特征对比。

(2) 数据库：Genbank/EMBL/DDBJ/中国专利生物序列检索系统

使用 PH50 序列及 PH50-EGFP 进行 Blast 检索；由于 PH50 的特征在于 N 端 50 个氨基酸的选择，而非序列本身，故虽然 Blast 结果有很多完全匹配文献，但难于找到选择 50 个氨基酸进行融合的文献。

(3) 数据库：CPRSABS/DWPI/SIPOABS/CNKI/Google Scholar

以融合表达+多角体启动子+多角体基因 N 端 50 个氨基酸+EGFP+杆状病毒 Bac-to-Bac 表达系统作为检索要素进行检索，检索到多篇可用文献，如：文献 2；文献 3（多角体-人表皮生长因子融合蛋白基因（Ph-EGF）在家蚕细胞和幼虫中表达的研究，涉及多角体启动子-多角体 N 端 116 个氨基酸，同时综述了多篇使用 N 端不同数目氨基酸融合表达的文献）；文献 4（昆虫杆状病毒表达系统的研究进展，公开了多角体蛋白的 1~58 位氨基酸序列进行融合表达效果最好）；文献 5（EP1243656A2，涉及多角体启动子和 EGFP）；文献 6（CN86107784A，涉及 N 端部分氨基酸融合）；文献 7（EP0385394A2，涉及 N 端部分氨基酸)。

提示:① 对于高校申请可优先使用申请人和发明人进行简单检索。② 对于发明点在于序列片段的选择,而不在于序列本身的权利要求的检索,如果用序列进行检索不能获得合适的文献,应注意及时调整检索思路,用关键词或其他手段进行检索。

检索模式 2:

目的:获得涉及发明点(多角体蛋白 N 端 50 个氨基酸进行融合表达)的文献。

(1) 数据库:Google Scholar

用"多角体 and 端 and 氨基酸 and 融合"检索,检索到文献 3 和文献 4,再使用其中综述的文献追踪检索到多篇涉及利用多角体 N 端不同数目的氨基酸进行融合表达的文献。

(2) 数据库:CNKI

由于使用多角体基因 N 端部分氨基酸的目的是为了促进其他蛋白的表达,即融合表达,因此选择关键词"融合"与多角体结合有利于直达发明点。用"多角体(题目)and 融合(摘要)"检索,获得文献 3 和文献 8(家蚕 BmNPV 表达系统表达霍乱毒素 B 亚单位及其与多角体蛋白的融合体的研究);同时获得 T 文献(BmNPV 多角体蛋白片段引导外源蛋白固定入多角体的研究),并可据此 T 文献追踪到多篇涉及利用多角体 N 端不同数目氨基酸进行融合表达的文献。

提示:应深入理解发明,准确选取体现发明点的关键词,并善于利用追踪检索,追踪检索的方法可参见本书第三章第三节的内容。

第四节 基因检测方法的检索

DNA 是生物体内的主要遗传物质,通过编码蛋白质调控体内的生理功能。基因的缺失、突变、表达异常等将导致生理功能发生改变,可以诱发各种疾病,因此通过检测基因实现对疾病的诊断逐渐成为热点。另外,不同物种的基因也具有显著差异,因此特定的基因可以作为一个物种或者个体的分子标记,为种质资源的鉴定提供新途径。

一、基因检测方法检索的常用数据库

一般情况下,推荐优先在 SIPOABS、DWPI、Google Sscholar、ISI Web of Knowledge 等外文数据库中进行检索,其次在 CPRSABS、CNKI、万方等中文数据库中进行检索。

二、基因检测方法的权利要求分析

涉及基因检测方法的权利要求主要有以下几类:

(1) 对特定新基因或具有新功能的基因的检测,如:通过检测某种基因确定样品中是否含有特定微生物、某种疾病分子诊断标志物的检测、利用 SNP 筛选具有特定性状的族群。

(2) 普遍适用的基因检测方法,一般是对现有技术的改进,如:流程或反应条件的优化、试剂或检测手段的改进。对普适的基因检测方法进行改进的发明,目前的申请量较

小，因而不作赘述。下文主要针对第（1）类权利要求进行检索策略介绍。

三、基因检测方法的检索策略

对于涉及特定基因检测的权利要求的检索，基因名称或者检测靶点是检索的首选关键词。其次，检测目的以及手段也可作为检索关键词，如：对于疾病/致病菌的检测，疾病/致病菌的名称可作为关键词，采用的检测手段如 PCR、探针、荧光定量等也可作为关键词。采用基因的名称检索往往由于基因的多种命名或者申请人命名不规范而导致采用申请文件中的名称进行检索所获得文献量偏小；同时，也可能由于该基因属于下位或者上位概念而导致检索的文献量偏少或者过多，因此对名称的有效扩展可以大大提高检索效率。除了可以根据检索获得的文献进行扩展外，还可以使用 Mesh、EMtree 等词表扩展，具体可参见本书第一章第二节的内容。基因检测方法往往涉及探针、引物、分子标记等具体的核酸序列，因此序列的检索也不应忽视，具体可参见本书第四章第一节的内容。

可以利用以下几种模式检索基因检测方法。

（1）查准模式。用申请人、发明人、基因名称、基因序列、引物序列、探针序列直接进行检索；或者用检测靶点结合体现检测目的的关键词检索（如：BRCA1 基因 * 乳腺癌）。

提示：对于序列较短的引物、探针等可以直接在 Google 上进行快速简单检索。

（2）查全模式。（扩展后的关键词1 + 分类号1）*（扩展后的关键词2 + 分类号2）*……

（3）推荐模式：先以序列(如果有引物或探针序列)在 Google 中直接进行检索，然后用(申请人 + 发明人)*（关键词1)在专利和非专利数据库中检索，再用(关键词1)*（关键词2)检索，或(关键词1 + 分类号1)*（关键词2 * 分类号2)检索。对于有细分的分类号，可直接采用分类号1 * 关键词2 进行检索。

1. 分类号检索

基因检测方法所涉及的 IPC 和 EC 分类号均主要集中在 C12Q 1/68、1/70 以及 G01N 33/48、33/50、33/43 及其下位组和上位组，相应的 FI/FT 分类号主要集中于 C12Q 1/68&A, Z、C12Q 1/70、G01N 33/（48/50/53）&A - P (FI)、4B063/、2G045/、2G055/（FT）。此外，基因检测方法中涉及荧光、放射、免疫、酶等标记方法的，也会分布在 G01N 及其下位组。

2. 关键词检索

检索基因检测方法的常用中文关键词有：基因、核酸、核苷酸、探针、引物、试剂、试剂盒、试剂条、靶位、靶点、荧光、放射、免疫、标记、酶、酶联免疫、聚合酶链式反应、检测、杂交、结合等，常用英文关键词有：gene、DNA、RNA、nucleic acid, nucleotide、probe、primer、reagent、kit、strip、target、fluorescence、immune、immuno-, label、marker、ELISA、PCR、detect、hybridize、hybridization、combine、bind 等。

3. 典型案例分析

【案例 4 - 4 - 1】

案情简介：

权利要求：一种人类重大病原菌 - 霍乱弧菌的快速检测试剂盒，由以下试剂组成：

(1) DNA 提取试剂……(2) 聚合酶链式反应试剂……反应引物……(3) 电泳和显色试剂……所述 VcF 特指 5′- TTAAGCSTTTTCRCTGAGAATG；所述 VcR 特指 5′- AGTCACTTAACCATACAACCCG。

检索过程：

发明点在通过所述的引物，以霍乱弧菌的 16S～23S 间区保守序列为模板，采用 PCR 快速检测霍乱弧菌的存在，因此引物、16S～23S 间区序列和霍乱弧菌为检索的重点。

检索模式 1：

以短序列检索：在 Google 中直接输入 TTAAGCSTTTTCRCTGAGAATG，即可获得采用本申请中引物检测霍乱弧菌的文献（Analysis of 16S-23S rRNA Intergenic Spacer Regions of Vibrio cholerae and Vibrio mimicus）。

检索模式 2：

以关键词检索：在非专利数据库 PubMed 中针对检测的靶点（16S～23S 间区序列）以及检测目的（霍乱弧菌）进行检索，输入"16S * 23S * Vibrio"，获得 53 篇文献，其中包括上述对比文件；可以进一步限定检测手段（PCR），输入"16S * 23S * Vibrio * PCR"，获得 23 篇文献，其中也包括上述文献。

提示：①在关键词较为具体且没有或者有很少别名的情况下，可优先选择关键词的组合在非专利库中进行检索；② 如果文献量相对较大，则可以逐级限定的方式缩小相关文献量。

【案例 4-4-2】

案情简介：

权利要求：一种水产品中致病菌多重 PCR 快速检测试剂盒，其特征在于包括：10× PCR buffer，$1.0～3.0$ mmol/L $MgCl_2$，240μmol/L dNTP each，60～200nmol/L 沙门氏菌引物，60～200nmol/L 副溶血性弧菌引物，200nmol/L 单核增生李斯特氏菌引物，1.3～3.0U Taq 酶，所述的沙门氏菌引物序列为上游：5′- ATC GGC GTT ATC CCT TTC TCT GGT G -3′；下游：5′- ATG TTG TCCTGC CCC TGG TAA GAG A -3′。

检索过程：

该权利要求主要涉及采用多重 PCR 同时检测 3 个致病菌，并限定了多重 PCR 中使用引物的序列。

检索模式 1：

数据库：Google

输入"ATC GGC GTT ATC CCT TTC TCT GGT G"进行检索，前三页内没有发现相关文献；但是进一步结合沙门氏菌，即输入"ATC GGC GTT ATC CCT TTC TCT GGT G 沙门"，即获得文献 1（多重 PCR 检测无公害畜禽肉和水产品中 4 种致病菌，杨小鹃等，微生物学通报，第 32 卷第 3 期，第 95-101 页，2005）。

检索模式 2：

数据库：CNKI

以发明人杨小娟为检索入口，得到 22 篇文献，包括文献 1；进一步限定检索目的（沙门），得到 13 篇文献，也包括文献 1。

检索模式 3：

数据库：CNKI

以检测的靶基因以及检测目的（沙门）进行检索，输入 invA 沙门，获得 494 篇，文献量较大；进一步采用 PCR 限定，得到 454 篇，文献量仍然较大；采用另外一个检测靶点进行限定，即进一步限定 iap（李斯特菌的检测靶点），获得 33 篇文献，其中包括文献 1。

提示：输入序列时，有些情况下，三联体之间的空格是不能去掉的。例如，去掉该案引物序列中的空格后没有检索结果。因此，两种情况最好都加以尝试。

第五节 生物产品制备方法的检索

生物技术领域有很多关于生物产品制备方法的发明申请，制备方法多具有工艺复杂、参数多、步骤多的特点，导致权利要求的技术特征较多，检索要素的选择较为复杂，检索结果易于溢出或漏检。

一、生物产品制备方法检索的常用数据库

一般情况下，推荐优先在 CNKI、万方、Google Scholar、ISI Web of Knowledge 等非专利数据库中进行检索，其次在 SIPOABS、DWPI、CPRSABS 等专利数据库中进行检索。

二、生物产品制备方法的权利要求分析

涉及生物产品制备方法的权利要求主要有以下几类：

（1）发酵方法，如：乙醇的制备方法、沼气的制备方法、氨基酸的制备方法、氢气的制备方法、丙酮丁醇的制备方法、抗生素的制备方法。

（2）从外消旋混合物中分离旋光异构体的方法。

（3）肽的制备方法。

三、生物产品制备方法的检索策略

对于发酵方法，其发明点一般是对已知物质的制备方法的改进，例如，使用新发酵原料、发酵助剂的添加、改变罐压、pH 值、通气量、溶氧量等，权利要求比较长，因此倾向于通过全文库检索。对于使用酶的方法合成目标化合物或组合物的方法，现有技术在制备相同的物质时一般采用化学方法，因此一般的检索模式为"反应物 * 催化剂 * 产物"，或者"反应原理 * 催化剂"；据统计，这类案件在非专利数据库中的检出率较高，因此可以首先选择 ISI Web of Knowledge 等非专利数据库进行检索。

1. 分类号检索

生物产品制备方法涉及的 IPC 和 EC 分类号主要集中在 C12P 以下各组，以及 C07K 1/00 大组。其中，乙醇的制备方法集中在 C12P 7/06；沼气的制备方法集中在 C12P 5/02，涉及装置时还包括 C12M；氨基酸的制备方法集中在 C12P 13/20、C12P 13/22、C12P 13/22C–F、C12P 13/24，氨基酸的制备方法还存在 EC 细分；氢气的制备方法集中在 C12P

3/00；丙酮丁醇的制备方法集中在 C12P 7/16 和 C12P 7/28；抗生素的制备方法集中在 C12P 19/46 ~ C12P 19/64 和 C12P 35/00 ~ C12P37/06；从外消旋混合物中分离旋光异构体的方法集中在 C12P 41/ + ；肽的制备方法集中在 C12P 21/ + 和 C07K 1/ + 。

2. 关键词检索

检索生物产品制备方法的常用中文关键词有：催化、合成、制备、纯化、途径、反应、代谢、氧化、还原、回收、预处理、改进、修饰、发酵、原料、酶、试剂、反应物、产物、混合物、催化剂等，常用英文关键词有：catalyze, catalyse, synthesize, synthesise, prepare, preparation, purify, purification, route, pass, approach, reaction, metabolize, oxidization, reduction, recover, pretreatment, ameliorate, improve, decorate, decoration, fermentation, material, enzyme, reagent, reactant, product, mixture, catalyzer, catalyst 等。

此外，还可以通过以下资源扩充关键词。

（1）查询酶学名称

http：//expasy. org/enzyme/

http：//www. chem. qmul. ac. uk/iubmb/enzyme/ 查找国际酶学委员会给出的酶的命名规则。

http：//www. brenda - enzymes. org/ 输入酶的名称或 EC 号即可查询到酶的微生物来源，催化的化学反应等。

（2）查询生物化学途径

http：//expasy. org/tools/pathways/ 输入相关的酶即可检索到其参与的生化反应。

http：//www. metacyc. org/ 检索代谢产物、相关化合物、酶和基因。

（3）查询化合物

http：//www. chemyq. com/xz. htm 化工引擎，中文。

http：//www. cambridgesoft. com/databases/login/？serviceid = 128 检索化合物结构和性质。

3. 典型案例分析

【案例 4 - 5 - 1】

案情简介：

权利要求：一种脂肪酶催化氧化环己烯制备 1, 2 - 环氧环己烷的方法，其特征在于按下列步骤进行：

a. 将环己烯加入反应容器中，加入溶剂二氯甲烷或二氯乙烷或三氯甲烷或无溶剂和有机酸甲酸或乙酸混合搅匀后加入催化剂 novo435；

b. 将反应容器置于恒温水浴中，搅拌下慢慢滴加过氧化氢，水浴温度为 30 - 60℃，反应时间为 4 ~ 16 小时；

c. 反应结束后，过滤回收催化剂，滤液置于分液漏斗中静置分层，分出有机相；

d. 洗至中性并干燥过的有机相移置填料塔中精馏，收集 125 - 132℃ 馏分，即为产物 1, 2 - 环己烷。

检索过程：

申请人在说明书中指出，现有的环氧环己烷生产方法为化学方法，容易造成环境污染，或反应复杂，副产物多；本申请采用酶法生产，反应过程可以简要概括为，由脂肪酶催化的发生在环己烯的烯烃双键上的环氧化反应。考虑到公开了环氧化反应但反应物、产物与本申请不同的对比文件同样可以评述本申请的创造性，因此以反应物（环己烷）＊产物（环氧环己烯）＊催化剂（脂肪酶）作为第一检索策略，而以反应原理（还氧化反应）＊催化剂（脂肪酶）作为第二检索策略。C12P 17/02 小组内概括了远较环氧环己烷、环氧化合物更多的化合物，此时使用分类号检索可能会造成无关的检索结果过多。

（1）数据库：CPRSABS

首先用（申请人＋发明人）＊（关键词1＋分类号1），再用（关键词1＋分类号1）＊（关键词2＋分类号2）＊（关键词3＋分类号3）进行检索。检索到一篇在后公开的文献CN101109016A，其公开的反应物、产物与本申请的反应物、产物都很相似，区别在于其使用溴过氧化物酶而非脂肪酶，对该文献进行追踪，可以得到相关文献1，其公开日早于本申请的申请日，其使用氯过氧化物酶。由此可见，现有技术并非不存在使用酶法制备环氧环己烷的方法，同时提示后续应重点检索脂肪酶。

（2）数据库：SIPOABS

检索思路1：反应物（环己烷）＊产物（环氧环己烯）＊催化剂（脂肪酶）

1	SIPOABS	49701	(epoxy w cyclohexane) OR (Cyclohexane w oxide) or epoxide +
2	SIPOABS	333697	cyclohexene or olefin + or alkene +
3	SIPOABS	9384	C W " = " W C
4	SIPOABS	14839	lipase or (candida w antarctica)
5	SIPOABS	2	1 and (2 OR 3) and 4（2篇文献，其中一篇是本申请，另一篇不可用）

检索思路2：反应原理（环氧化反应）＊催化剂（脂肪酶）

1	SIPOABS	9178	epoxidation
2	SIPOABS	14808	lipase
3	SIPOABS	19	1 and 2

得到19篇结果推送详览，发现多篇公开了与本申请类似的环氧化反应＊脂肪酶的技术内容，只是环氧化反应不是发生在烯烃的双键上，可以考虑将上述文献和文献1结合评述本申请的创造性。另外，一篇申请日后公开的专利申请公开了与本申请同样的反应原理，只是反应物和底物不同，其国际检索报告中公开了多篇X文献，可以作为本申请的X文献。

（3）数据库：Google Schalor 和 ISI Web of Knowledge

用"反应原理（epoxidation）＊催化剂（lipase）"在 Google Schalor 中进行检索，可以得到评述本申请创造性的 X 文献，其公开的反应原理与本申请相同，但底物、产物不同。用"酶（lipase）＊反应物（cyclohexene）＊产物（oxide）"在 ISI Web of Knowledge 进行检索，可以得到较上篇对比文件更为接近的 X 文献，其公开的反应过程与本申请完全相同，在 Google Schaloar 用同样的检索式检索，发现其以引用文献的形式出现，因此没有出现在检索结果中靠前的位置，不容易被注意到，可见 ISI Web of Knowledge 和 Google Scholar 收录的数据存在差异。

小结：

（1）对于生物产品制备方法，步步推进的检索模式有助于查准和防止检索结果溢出。本申请中，在中文库初步检索得到文献1后，虽然暂时不能确定其是否能够作为对比文件评述创造性，但是其相对于其他文献更接近本申请的技术方案，提示进一步检索应限定脂肪酶，这种步步推进的检索模式有助于进一步检索时确定检索重点。

（2）对于申请日后公开的文献，应注意追踪检索，包括追踪相关专利申请中审查员引用的文献和国际检索报告中给出的文献，其很有可能能够作为本申请的X/Y文献。

（3）通过阅读文献不断扩充关键词。对于本案，阅读申请文件后可将环己烯扩展为烯烃，而在浏览文献时，发现某些文献采用C=C表述烯烃，因此进一步扩充了关键词，其在SIPOABS中的检索式为：C W " = " W C。另外，脂肪酶在某些专利文献中被表述为enzyme from Candida Antarctica，通过检索酶数据库http：//www.brenda-enzymes.org/，同样发现Candida Antarctica是最为常见的脂肪酶来源，因此进一步将其扩充至Candida Antarctica。在检索结果过少时，也可以根据情况进一步将其扩展至其他常见的脂肪酶产生菌，例如Thermomyces lanuginosus、Rhizomucor miehei或Rhizopus. oryza。

（4）ISI Web of Knowledge和Google Scholar收录的数据存在差异，在其中一个数据库中没有检索到合适的对比文件时，可以考虑使用同样的检索思路在另一个数据库中进一步检索。

参考文献

[1] 中华人民共和国国家知识产权局．专利审查指南（2010）[M]．北京：知识产权出版社，2009．

[2] 中华人民共和国国家知识产权局．审查操作规程·实质审查分册（2011）[M]．北京：知识产权出版社，2011．

[3] 国家知识产权局条法司．《专利法》及《专利法实施细则》第三次修改专题研究报告[M]．北京：知识产权出版社，2006．

[4] 马秋娟，王大鹏，等．生物技术领域文献检索研究[R]//2010年专利审查协作中心学术研究课题，2010．

[5] 张鑫蕊，等，译，丁海，等，校对．生物技术领域三方检索指导手册[J]．学术观察，2009（23）．

[6] 周胜生．关键词在专利文献检索中的应用[J]．情报理论与实践，2010，33（5）：67-70．

[7] 吴小穗．关键词检索系统的研究[J]，大学图书情报学刊，1999（4）：26-30．

[8] 胡德华，等．PubMed主题词检索与自由词检索的检索效率比较研究[J]．情报科学，2006，24（5）：717-721．

[9] 肖业臣，魏建波．基因工程中常用术语的命名规则[J]．生物学通报，2002，3（10）：11．

[10] 田力普．发明专利审查基础教程·检索分册（试用版）[M]．北京：知识产权出版社，2008．

[11] 张义煌．医学主题词的语义关系、特点及其在情报检索中的应用[J]．现代预防医学，2007（1）：160-161．

[12] 程艾军．《医学主题词表》（MeSH）及其在医学文献检索中的应用[J]．首都医科大学学报：社会科学增刊，2008：73-75．

[13] 于双成，等．MEDLARS与EMBASE所用词表的比较研究[J]．情报理论与实践，1996，19（2）．

[14] 曾召，等．UMLS与中医药一体化语言系统的建立[J]．中华医学图书情报杂志，2006，15（3）．

[15] 宋文．统一医学语言系统及其应用[J]．信息系统，2005，28（5）．

[16] 邱君瑞．论UMLS超级叙词表的概念表达[J]．中华医学图书情报杂志，2002，11（3）．

[17] 余倩．近年来领域本体的应用新进展[J]．图书馆建设，2008（8）：95-99．

[18] 高芸．基于基因本体论的生物信息个人数据库平台[J]．生命科学研究，2004，8（4）：65-70．

[19] 吴宪明，等．密码子偏性的分析方法及相关研究进展[J]．遗传，2007，29（4）：420-426．

[20] 马红婷，杨凝清．Internet网上的MEDLINE检索[J]．青岛大学医学院学报，2000（3）．

[21] 杨凝清．PubMed医学信息资源及其检索[J]．青岛大学医学院学报，2003．

[22] 刘煜，郭利．ISI Web of Knowledge平台上信息资源的收集[J]．中国科技期刊研究，2003（14）．

[23] 肖强．Google scholar搜索引擎特征研究[J]．图书馆学研究，2008（6）．

[24] 张兴华，张晓碧．Google信息检索的引擎查询技巧[J]．现代情报，2004（2）．

[25] 邹小筑．科学搜索引擎Scirus科学搜索引擎研究[J]．图书馆建设，2002．

[26] 徐一新．医学信息检索[M]．北京：高等教育出版社，2009．

[27] 秦波．循证医学系统综述来源文献的分析研究[J]．现代情报，2009，29（9）．

[28] 李珏．循证医学系统综述来源文献与检索策略的分析研究[D]．武汉：中南大学，2003．

[29] 张鸣明，等．Cochrane系统评价精萃：循证医学实践高质量的实时证据[J]．中国循证医学，2002，2（1）：63-64．

[30] 周胜生．专利文献的特点与关键词检索[J]．审查业务通讯，2010，16（2）：59-63．

[31] 朱鹏. 美国专利法对发明专利新颖性的要求[J]. 中国专利代理, 2003（3）.

[32] 陈伟, 等. 美国知识产权法律体系简介[J]. 审查业务通讯, 2007（7）.

[33] 专利检索与服务系统东软项目组. 国家知识产权局专利检索与服务系统用户手册[M]. 2011.

[34] 海存, 等. 国际单克隆抗体研究文献分析[J]. 预防医学情报杂志, 2010, 26（4）：298 – 304.

[35] 卢铭, 尚彤. 医学生物信息网的建立和发展[J]. 北京大学学报：医学版, 2001, 33（2）.

[36] 景霞, 张其鹏, 等. 网上免费医学生物学数据库指南的建立[J]. 北京大学学报：医学版, 2004, 36（3）：6.

[37] 尹源. ScienceDirect 数据库的使用评价[J]. 中华医学图书情报杂志, 2003, 12（3）：5.

[38] 王恺荣. SpringerLink 网络数据库新版评价[J]. 现代情报, 2008（1）.

[39] 路雅祺. 国外四种综合全文电子期刊数据库比较研究[J]. 现代情报, 2007（2）.

[40] 吕虹, 等. EMBASE 数据库检索途径、检索方法及检索技巧[J]. 吉林大学学报：医学版, 2007, 33（4）.

[41] 方义, 等. 科技文献中引文的功能应用和检索方法[J]. 农业网络信息, 2008（10）.

[42] 赵波. 关键词的选择与分类号的确定[J]. 中国生育健康杂志, 2004, 15（5）：11.

[43] 宋丽萍, 等. 基于 Web 的学术信息资源引文索引与分析体系[J]. 情报理论与实践, 2005, 28（3）.

[44] 崔雷. PubMed Central 引文分析功能探讨[J]. 医学信息学杂志, 2008（7）.

[45] 祁雅鸣, 等. 综述文献的开发利用与知识创新[J]. 情报探索, 2004（3）：21 – 22.

[46] 吴东阳. 医学综述文献的查询与获取[J]. 右江民族医学院学报, 2006（5）：894 – 895.

[47] 陈芳, 等. 调控基因表达的 miRNA[J]. 科学通报, 2005, 50（13）：1289 – 1299.

[48] 王根洪, 等. siRNA 介导的家蚕 ABC 转运蛋白相关基因的干涉研究[J]. 蚕叶科学, 2005, 31（2）：117 – 120.

[49] 黄迎燕. IPC 改革的修订原则和程序的修改议案[J]. 专利文献研究, 2002, 23：35 – 38.

[50] 那英, 黄迎燕. 管理 IPC 高级版的特殊分委会的工作程序[J]. 专利文献研究：分类动态, 2005, 31：1 – 4.

[51] 那英, 黄迎燕. IPC 修订工作组的工作程序[J]. 专利文献研究：分类动态, 2005, 34：2 – 4.

[52] 黎盛荣, 等. 文献标引与检索[M]. 长沙：湖南科技出版社, 1999.

[53] EUROPEAN PATENT CONVENTION 2007.7 EPC 13th（EPO 网站）.

[54] EPO guidelines 2009（EPO 网站）.

[55] 日本专利法：2006 年版本的专利法 No.109, 2007.9.30（JPO 网站）.

[56] 日本专利与实用新型审查指南, 2009.6（JPO 网站）.

[57] NORUZI, A. Google scholar: the new generation of citation indexes[J]. LIBRI, 2005, 55（4）：170 – 180.

[58] United States Code Title 35 – Patents 2007.9.6（USPTO 网站）.

[59] MANUAL OF PATENT EXAMINING PROCEDURE 2008.7.7（USPTO 网站）.

[60] D GIUSTINI, E BARSKY. A look at Google Scholar, PubMed, and Scirus: comparisons and recommendations[J]. JCHLA/JABSC, 2005, 26：85 – 89.

[61] KAYVAN KOUSHA, MIKE THELWALL. Google Scholar Citations and Google Web/URL Citations: A Multi-Discipline Exploratory Analysis[J]. JASIST, 2007, 58（7）：1055 – 1065.

[62] JUDIT BAR-ILAN. Citations to the "Introduction to informetrics" indexed by WOS. Scopus and Google Scholar[J]. Scientometrics（2010）, 82：495 – 506, DOI 10.1007/s 11192 – 010 – 0185 – 9.

[63] ELSEVIER PHARMA DEVELOPMENT GROUP, EMTREE. The Life Science Thesaurus, Version 7.0, 2009.1.31.

[64] PETER JACSO. Scirus: Elsevier's science search engine [J]. Information Today, 8 (6): 342.
[65] LAURA M. FEHER. Google Schoar, Scirus, and the Scholarly Search Revolution [J]. Searcher, 2005, 31 (2): 43-48.
[66] ELSEVIER. FAST Update Scirus Search Engine [J]. Information Today.
[67] CLAES GUSTAFSSON. Codon bias and heterologous protein expression [J]. TRENDS in Biotechnology, 2004, 22 (7).
[68] VICTOR M MONTORI, et al. Optimal search strategies for retrieving systematic reviews from medline: analytical survey [J]. BMJ, doi: 10.1136/bmj.38336.804167.47.
[69] MONTORI VM, et al. Systematic reviews: a cross-sectional study of location and citation counts [J]. BMC Med, 2003, 1 (2).
[70] Commentary: Searching for trials for systematic reviews: what difference dose it make? [J]. Int J Epidemiol, 2002, 31 (1): 123-4.
[71] A comparison of the quality of Cochrane reviews and systematic reviews published in paper-based journals [J]. Eval Health Prof, 2002, 25 (1): 116-129.
[72] KAREN A. ROBINSON, et al. Systematic review identifies number of strategies important for retaining study participants [J]. Journal of Clinical Epidemiology, 2007, 60: 757-765.
[73] http://www.nlm.nih.gov/mesh/meshhome.html.
[74] http://www.nlm.nih.gov/mesh/MBrowser.html.
[75] http://www.ncbi.nlm.nih.gov/bookshelf/br.fcgi?book=nlmumls.
[76] http://blast.ncbi.nlm.nih.gov/Blast.cgi?CMD=Web&PAGE_TYPE=BlastDocs&DOC_TYPE=ProgSelectionGuide.
[77] http://www.embase.com/emtree.
[78] http://www.embase.com/search/advanced.
[79] http://www.ebi.ac.uk/embl/Services/DBStats/.
[80] http://www.ebi.ac.uk/Tools/blast2/help.html.
[81] http://www.ebi.ac.uk/Tools/psisearch/help.html.
[82] http://www.ebi.ac.uk/Tools/FASTA33/help.html.
[83] http://www.ebi.ac.uk/Tools/FASTA33/index.html?program=SSEARCH.
[84] http://www.ddbj.nig.ac.jp/search/help/blast-e_help.html.
[85] http://www.dna20.com/codontablewheel.php.